Ina Andresen

Meine Puppenkleidung Kollektion

OUTFITS FÜR JEDE JAHRESZEIT NÄHEN

Über neue Puppenkleidung und passende Accessoires freuen sich die kleinen Puppeneltern immer. Umso mehr freuen sie sich bestimmt über die individuell hergestellten Kleidungsstücke, die auch super für die Resteverwertung geeignet sind.

In dieser gesammelten Kollektion an Kleidungsstücken, Accessoires und Kostümen ist für jede Jahreszeit das passende Kleidungsstück enthalten, damit die Lieblingspuppe für jeden Anlass und für jedes Wetter gewappnet ist.

Mit den einfachen Schnitten und dem kinderleicht verarbeitbaren Jersey-Stoffen, können Puppen in drei verschiedenen Größen eingekleidet werden. Variieren Sie die Farben oder setzen Sie Applikationen ein und schon entsteht ein ganz eigenes Design.

Viel Spaß beim Nachnähen!

Frühling

Sommer

Herbst

Winter

Zubehör

Besondere Anlässe

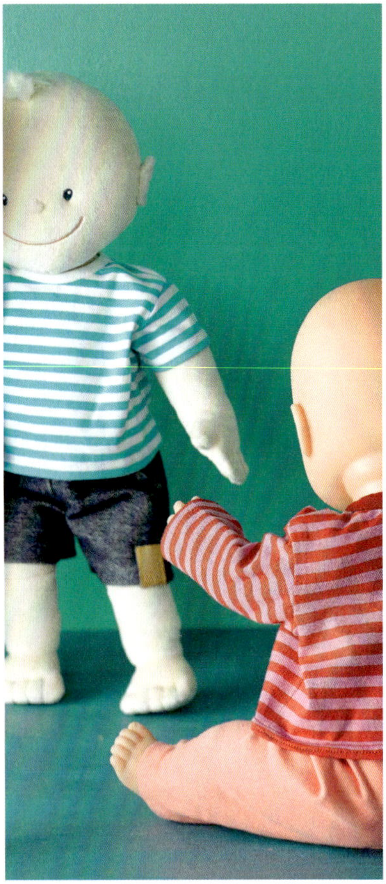
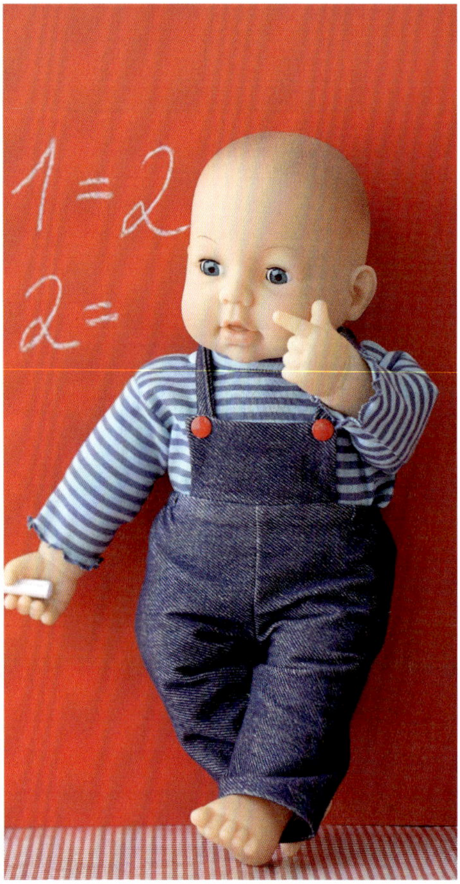
1=2
2=
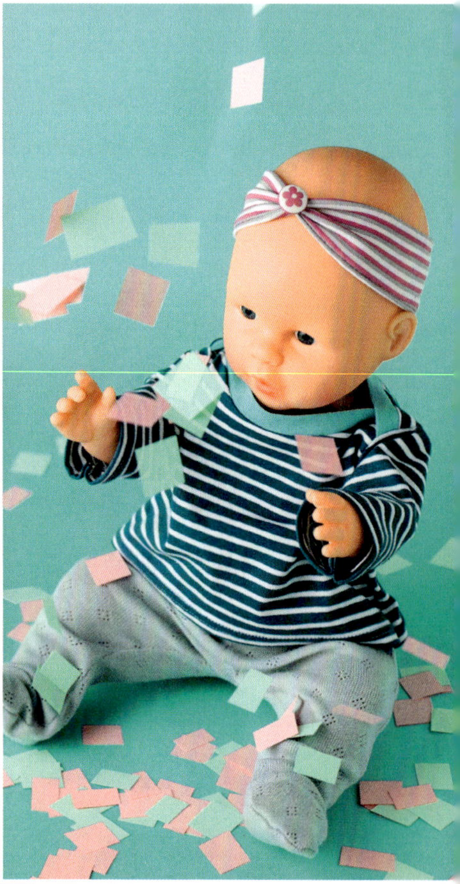
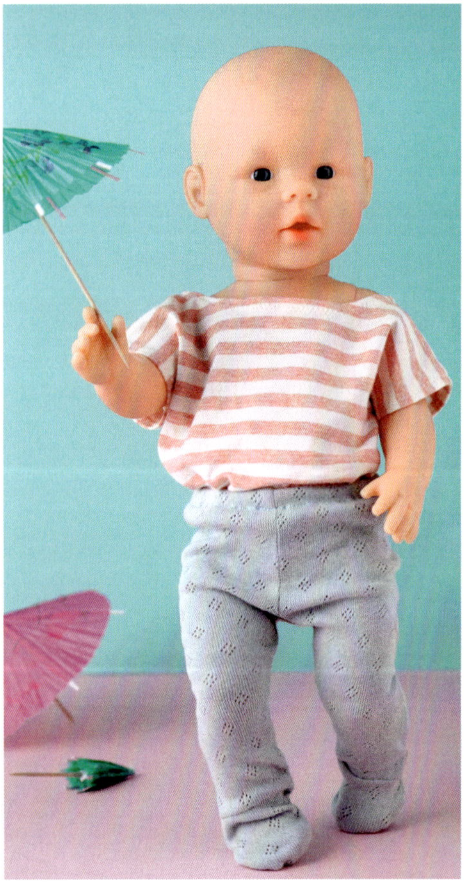
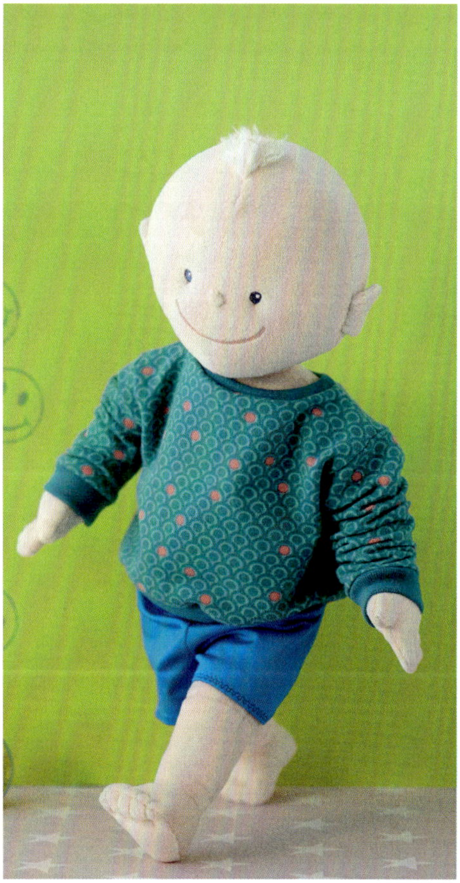
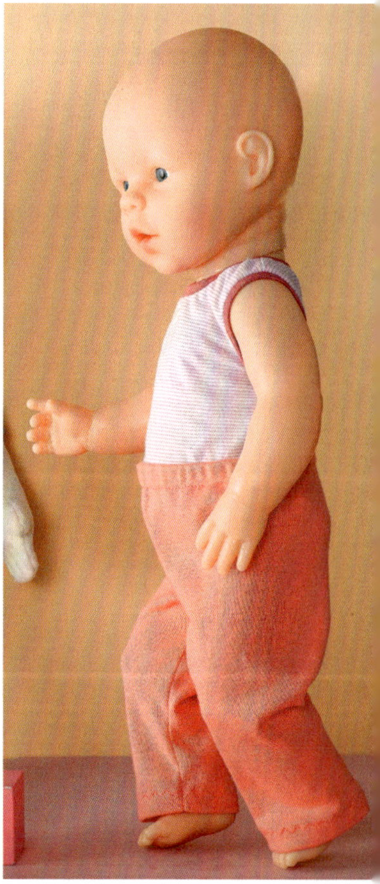

Frühling

T-Shirts

MIT APPLIKATION ODER IM STREIFENLOOK, MIT KURZ- ODER LANGARM

GRÖSSE

One Size

MATERIAL

- Jersey 1 (Shirt), 20 cm x 75 cm
- Jersey 2 (Applikation), 8 cm x 8 cm
- Falzgummi, 0,7 – 1 cm breit, 25 cm lang
- Klettband, 2 cm breit, 5 cm lang
- doppelseitig klebendes Bügelvlies, Rest
- farblich passendes Nähgarn
- 4 cm Klettband, 2 cm breit

ZUSCHNITT

- 1x Vorderteil im Stoffbruch
- 1x Rückteil in doppelter Stofflage
- 1x Ärmel in doppelter Stofflage

NAHTZUGABEN

Alle Teile mit 0,5 – 1 cm Nahtzugabe zuschneiden. An den Säumen 1 cm zugeben.

An der rückwärtigen Mitte 1 cm zugeben.

SCHNITTMUSTERBOGEN 1A

1 Die Applikation vorbereiten, mittig auf dem Vorderteil festbügeln und annähen (siehe „So wird's gemacht").

2 Das Vorderteil und die beiden Rückenteile rechts auf rechts legen. Die Schulternähte bündig aufeinanderstecken und schließen.

3 Die Ärmelunterkanten 1 cm breit nach links schlagen und festnähen.

4 Anschließend die Ärmel rechts auf rechts in die Armausschnitte stecken und festnähen.

5 Vorderteil und Rückenteile an den Seitenkanten bündig legen. Die Ärmelkanten und Seitennähte vom Ärmelsaum bis zur T-Shirt-Unterkante schließen.

6 Die Kanten an der rückwärtigen Mitte 1 cm breit nach links schlagen. Die Klett-Teile längs zu 1 cm breiten Streifen schneiden. Den Klett mit etwas Abstand zueinander auf die umgeschlagenen Kanten stecken und festnähen.

7 Den Halsausschnitt mit dem Falzgummi einfassen, dabei die Enden des Falzgummis in der rückwärtigen Mitte 1 cm breit nach links einschlagen (siehe „So wird's gemacht").

8 Den Saum an der Unterkante 1 cm breit nach innen umschlagen und bügeln. Anschließend mit einem geeigneten Stich absteppen (siehe „So wird's gemacht").

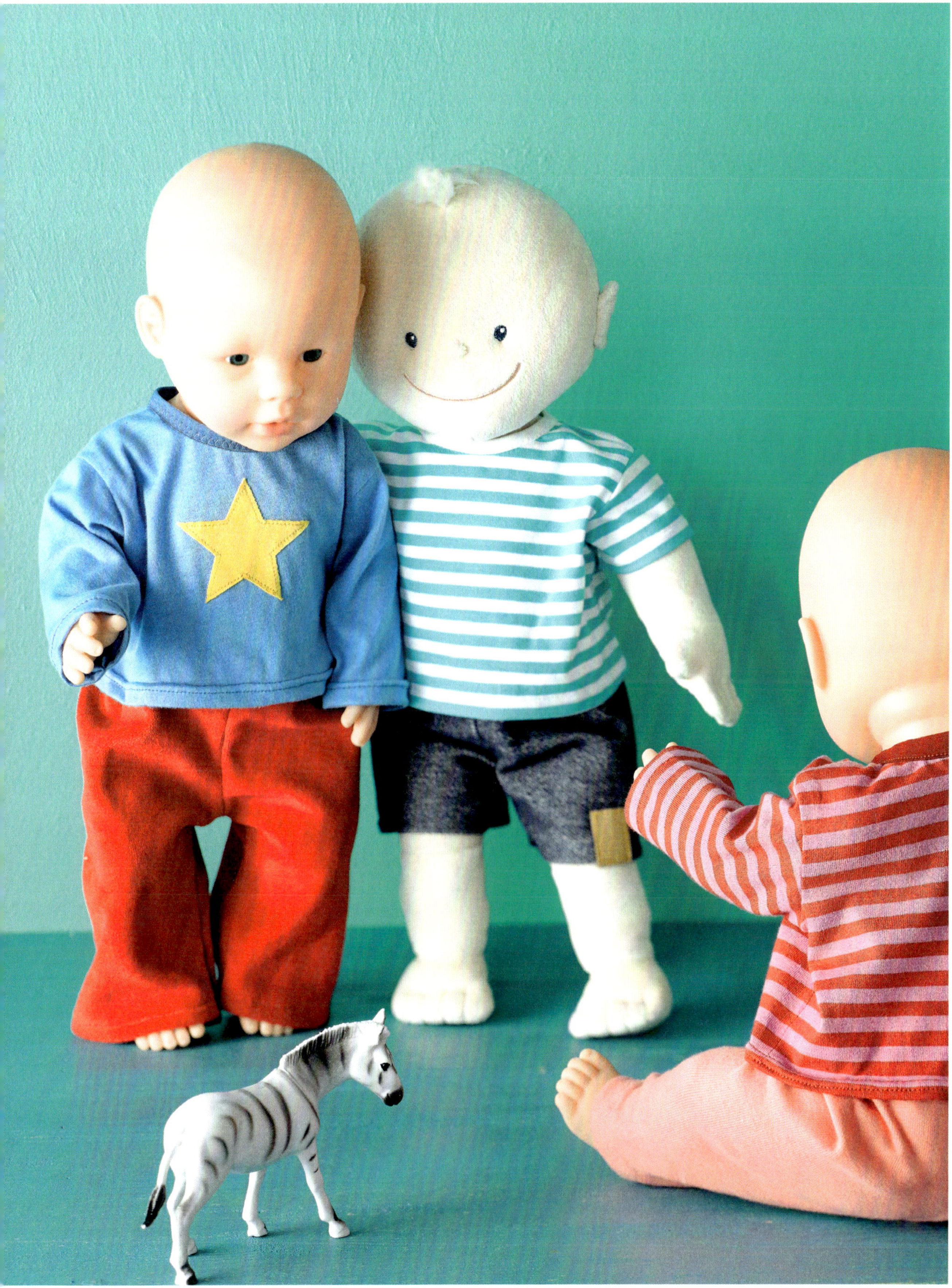

Strumpfhose

NIE WIEDER KALTE BEINE

GRÖSSE

XS/S/M

Die Angaben für Größe XS stehen vor dem Schrägstrich, die Angaben nach dem Schrägstrich gelten sowohl für Größe S als auch für Größe M.

MATERIAL

- Jersey, 30 cm x 45 cm/35 cm x 55 cm
- Gummilitze, 7 mm breit, 35 cm/40 cm lang
- farblich passendes Nähgarn

ZUSCHNITT

- Jersey
  1x vorderes Strumpfhosenteil in doppelter Stofflage
  1x rückwärtiges Strumpfhosenteil in doppelter Stofflage
  1x Fußteil in doppelter Stofflage
- Gummilitze
  90 % des Bauchumfangs + 2 cm Nahtzugabe

NAHTZUGABEN

Alle Teile mit 0,5-1 cm Nahtzugabe zuschneiden.

SCHNITTMUSTERBOGEN 2B

1 Zuerst je ein Fußteil rechts auf rechts, entsprechend den Markierungen, an ein vorderes Strumpfhosenteil stecken und annähen.

2 Die vorderen Strumpfhosenteile rechts auf rechts an der Schrittkante bündig legen und feststecken. Die vordere Schrittnaht schließen.

3 Die rückwärtigen Strumpfhosenteile rechts auf rechts an der Schrittkante bündig legen und feststecken. Die rückwärtige Schrittnaht ebenfalls schließen.

4 Die zusammengenähten vorderen und rückwärtigen Strumpfhosenteile auseinanderklappen und dann beide Teile rechts auf rechts aufeinanderlegen. Die Seitenkanten, den Fußbereich und die inneren Beinkanten bündig stecken. Die Teile – bis auf die obere Kante – rundherum zusammennähen.

5 Die obere Kante 1,5 cm breit nach links umbügeln. Anschließend mit 1 cm Abstand zur oberen Kante festnähen, dabei in der rückwärtigen Hosenmitte eine 3 cm lange Öffnung lassen. Die Gummilitze mithilfe einer Sicherheitsnadel durch den Tunnel ziehen. Die Gummibandenden 2 cm überlappend miteinander vernähen und die Öffnung von Hand schließen.

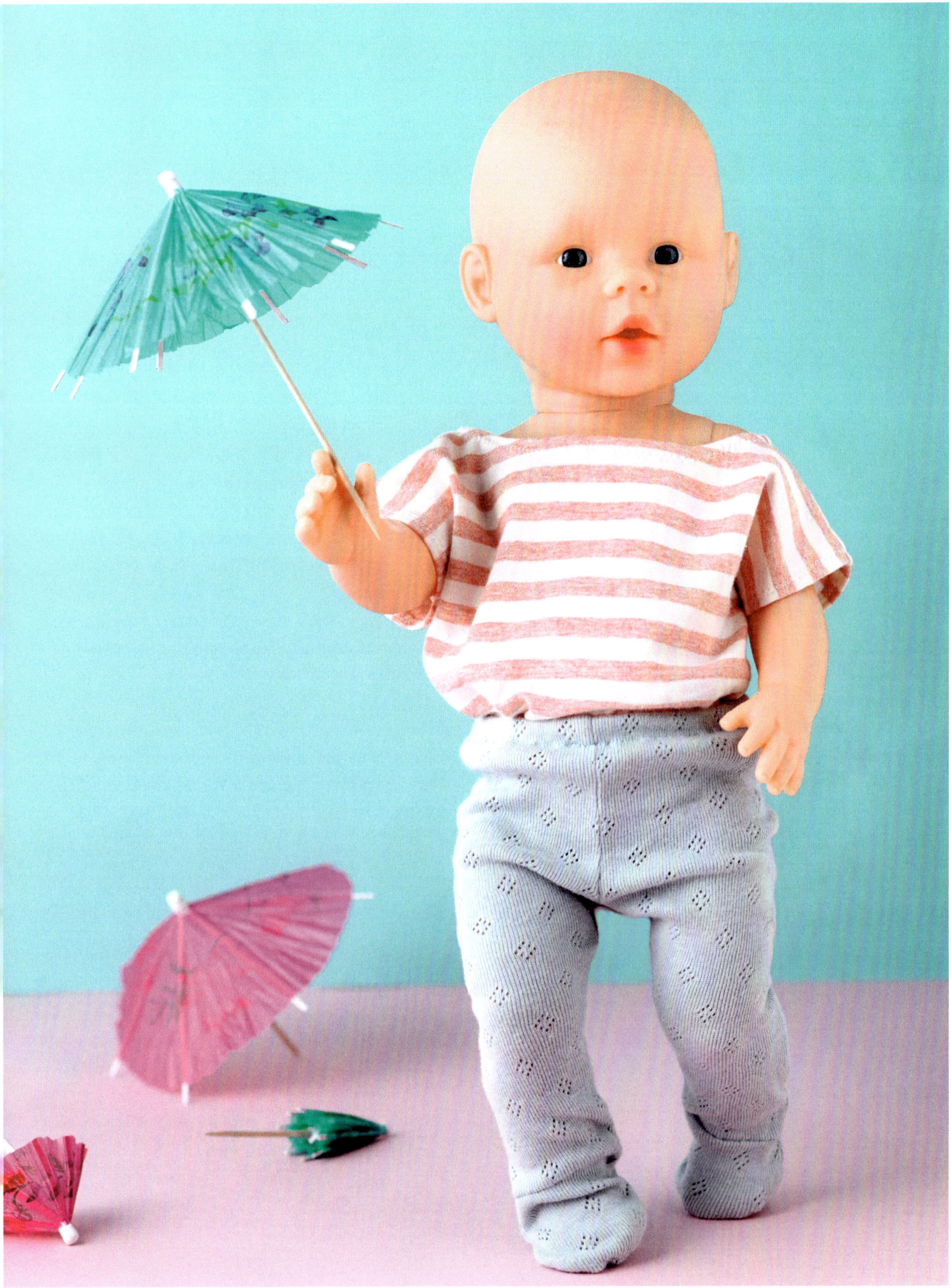

Latzhose
FÜR KLEINE RABAUKEN

GRÖSSE
S/M

MATERIAL
- Jersey in Jeansblau, 35 cm x 65 cm
- Gummilitze, 5 mm breit, 30 cm lang
- 2 Color-Snaps in Rot
- farblich passendes Nähgarn

ZUSCHNITT
- 1x Hosenteil in doppelter Stofflage
- 1x Latz
- 1 Streifen, 3 cm x 30 cm für das Trägerband

NAHTZUGABEN
Alle Teile mit 0,5–1 cm Nahtzugabe zuschneiden. An den oberen Kanten und den Hosensäumen 1 cm zugeben.

SCHNITTMUSTERBOGEN 1A

1 Das Latzteil an der Umbruchkante rechts auf rechts falten und an den Seitenkanten zusammennähen, die untere Kante dabei auslassen. Den Latz wenden und bügeln.

2 Die Hosensäume 1 cm breit nach links falten und bügeln, anschließend festnähen. Die Hosenbeine jeweils rechts auf rechts falten, sodass die inneren Beinnähte bündig liegen. Die inneren Beinnähte zusammennähen.

3 Ein Hosenbein auf rechts wenden und rechts auf rechts in das andere Hosenbein schieben. Die Hosenbeine an der vorderen und hinteren Schrittnaht zusammennähen.

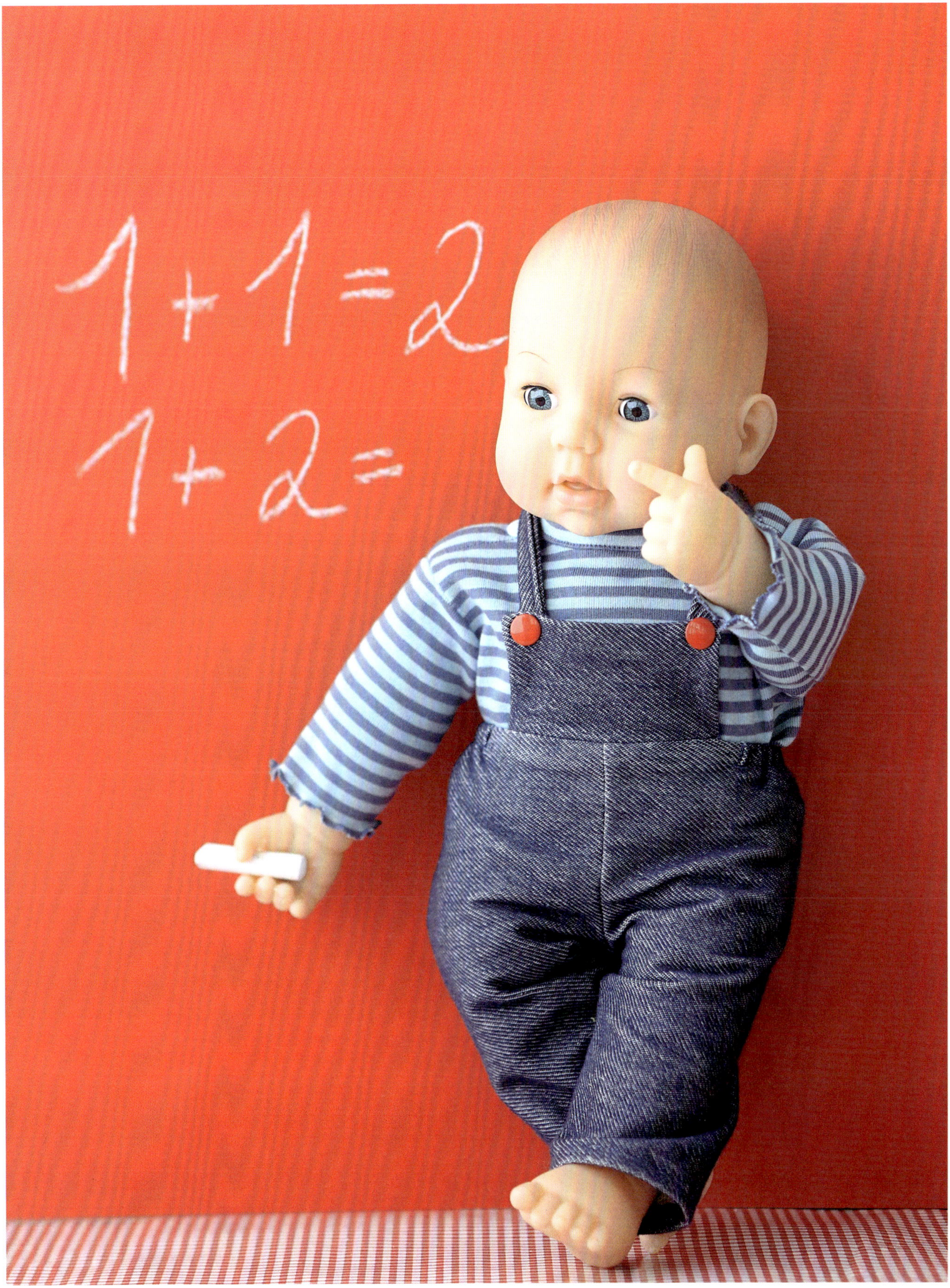
1+1=2
1+2=

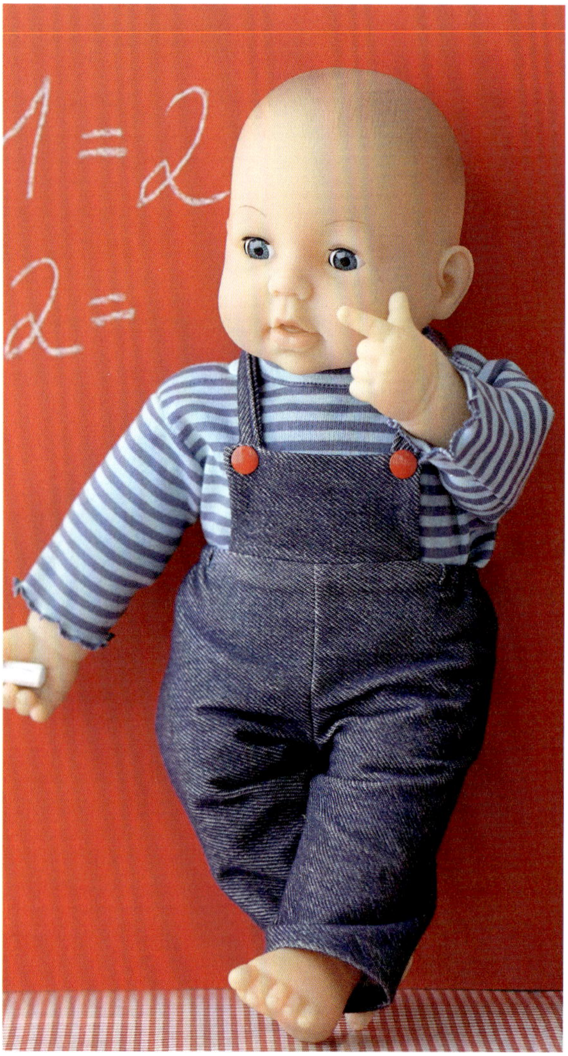

4 Die Nahtzugabe an den Markierungen für den Latzansatz bis zur oberen Hosenkante einknipsen. Die Nahtzugaben für den Gummizug 1 cm breit nach links schlagen und bügeln, anschließend füßchenbreit feststeppen. Die Gummilitze mithilfe einer Sicherheitsnadel einziehen, auf die gewünschte Länge anziehen und festnähen.

5 Den Latz an der vorderen Mitte mit der offenen Kante bündig rechts auf rechts auf die Hose legen und festnähen.

6 Das Trägerband anfertigen. Dazu die unversäuberten Längskanten links auf links zur Mitte des Trägerbandes einfalten und bügeln. Anschließend auch den Mittelbruch bügeln und längs knappkantig feststeppen.

7 Die Teile von einem der Color-Snaps an einem Trägerende anbringen, und auch am Latz. Die Hose anprobieren und den Träger um den Hals legen, um die richtige Länge zu ermitteln. Den Träger eventuell kürzen, und auch an diesem Ende und am Latz den zweiten Color-Snap befestigen.

Stirnband

RUNDUM GEWÄRMT

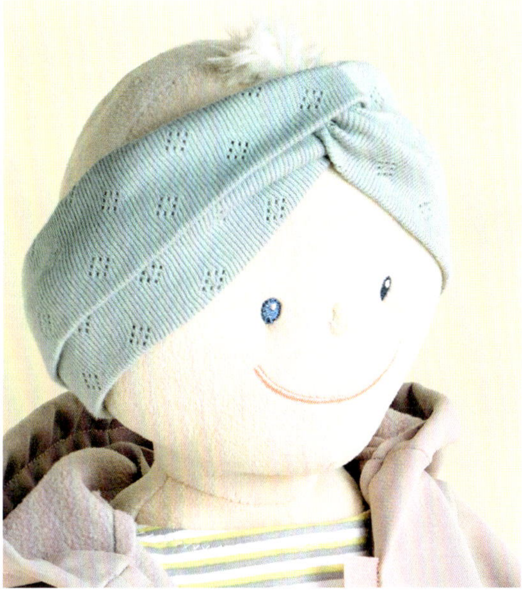

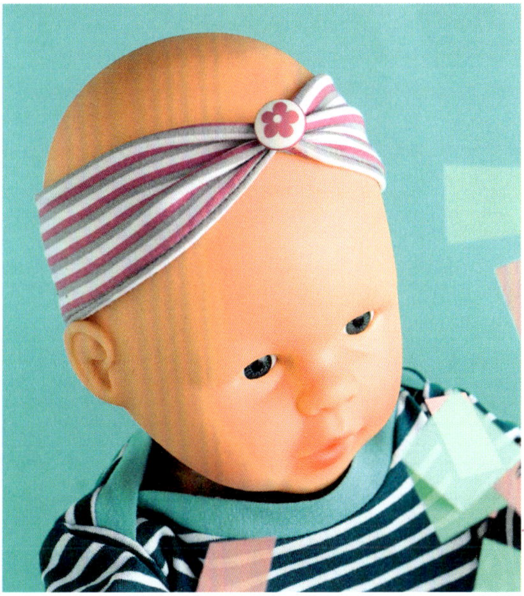

GRÖSSE

XS/S/M

Die Angaben für Größe XS stehen vor dem Schrägstrich, die Angaben nach dem Schrägstrich gelten sowohl für Größe S als auch für Größe M.

MATERIAL

DOPPELT GELEGTES STIRNBAND

- Jersey, 15 cm x 35 cm/20 cm x 45 cm
- farblich passendes Nähgarn

STIRNBAND MIT KNOPF

- Jersey, 10 cm x 35 cm/15 cm x 45 cm
- Knopf, ø 10 mm
- farblich passendes Nähgarn

ZUSCHNITT

DOPPELT GELEGTES STIRNBAND

- XS: 2 Streifen, 7 cm x (Umfang des Kopfes + 2 cm Nahtzugabe)
- S, M: 2 Streifen, 8 cm x (Umfang des Kopfes + 2 cm Nahtzugabe)

STIRNBAND MIT KNOPF

- XS: 1 Streifen, 8 cm x (Umfang des Kopfes + 2 cm Nahtzugabe)
- S, M: 1 Streifen, 10 cm x (Umfang des Kopfes + 2 cm Nahtzugabe)

NAHTZUGABEN

In den Zuschnittangaben ist 1 cm Nahtzugabe enthalten.

Doppelt gelegtes Stirnband

1 Beide Streifen mittig rechts auf rechts der Länge nach falten, sodass die Längskanten aufeinanderliegen und feststecken. Die Streifen an den Längskanten zusammennähen. Anschließend die Schläuche mithilfe einer Sicherheitsnadel wenden. Dafür eine Sicherheitsnadel an einem Ende eines Schlauchs an der Nahtzugabe befestigen und durch den Tunnel schieben, dabei den Stoff mitziehen und so wenden.

2 Einen Schlauch mittig falten, sodass er doppelt liegt und eine Schlaufe entsteht. Den anderen Schlauch durch die Schlaufe ziehen und ebenfalls mittig falten.

3 Die beiden Enden des ersten Schlauches auf die Enden des zweiten Schlauches legen, die offenen Kanten der vier Schlauchenden übereinanderstecken und zusammennähen.

MEIN TIPP FÜR SIE: Für das doppelt gelegte Stirnband können auch zwei verschiedene Stofffarben oder -muster gewählt werden.

Stirnband mit Knopf

1 Den Streifen mittig rechts auf rechts der Länge nach falten, sodass die Längskanten aufeinanderliegen, und feststecken. Die Stofflagen an der Längskante zusammennähen, dabei die ersten und letzten 4 cm offen lassen.

2 Anschließend den Schlauch mithilfe einer Sicherheitsnadel wenden. Dafür eine Sicherheitsnadel an einem Ende des Schlauchs an der Nahtzugabe befestigen und durch den Tunnel schieben, dabei den Stoff mitziehen und so wenden.

3 Den Schlauch zu einem Ring legen und die kurzen Seiten rechts auf rechts stecken. Die kurzen Streifenenden zusammennähen.

4 Anschließend die Nahtzugaben an den noch offenen Kanten nach innen schlagen und mit Matratzenstichen zusammennähen.

5 In der vorderen Mitte des Stirnbandes den Stoff etwas zusammendrücken und mit Handstichen fixieren. Anschließend den Knopf mittig annähen.

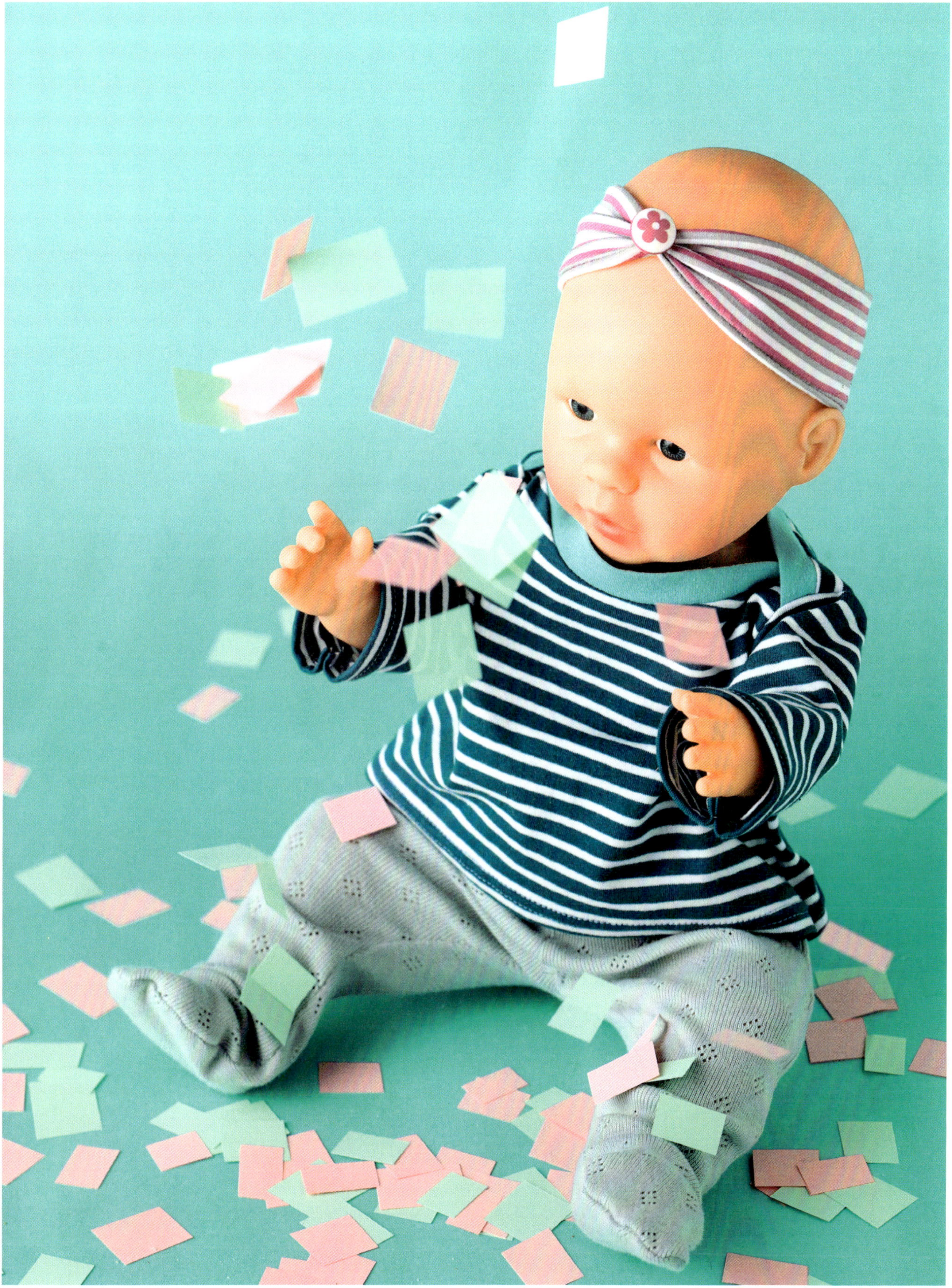

Pulli

DER COOLSTE PUPPEN-PULLI

GRÖSSE
One Size

MATERIAL
- Sweat in Petrol mit Retromuster, 18 cm x 85 cm
- Bündchenware in Petrol, 6 cm x 90 cm
- farblich passendes Nähgarn

ZUSCHNITT
- Sweat
  1x Vorderteil im Stoffbruch
  1x Rückenteil im Stoffbruch
  1x Ärmel in doppelter Stofflage
- Bündchenware
  1 Halsbündchen, 3 cm x 70 % des Halsausschnittes + die Nahtzugaben
  2x Armbündchen, 4 cm x 15 cm
  1x Bauchbündchen, 6 cm x 40 cm

NAHTZUGABEN
Alle Teile mit 0,5–1 cm Nahtzugabe zuschneiden.

SCHNITTMUSTERBOGEN 1A

1 Das Vorder- und Rückenteil rechts auf rechts aufeinanderlegen. Die Schulterkanten bündig legen und die Schulternähte schließen.

2 Die Ärmel rechts auf rechts mit den Armkugeln in den Armausschnitt stecken und einnähen. Die Ärmelbündchen links auf links falten und gedehnt an die Ärmelsäume nähen.

3 Die Ärmel der Länge nach zusammenfalten. Die Ärmelkanten und Seitennähte vom Ärmelsaum bis zum Pullisaum zusammennähen.

4 Die Bündchenstreifen für den Hals und den Pullisaum jeweils rechts auf rechts zum Ring nähen. Anschließend der Länge nach auf links falten und gedehnt annähen (siehe „So wird's gemacht", Kantenabschluss mit gefaltetem Bündchenstreifen).

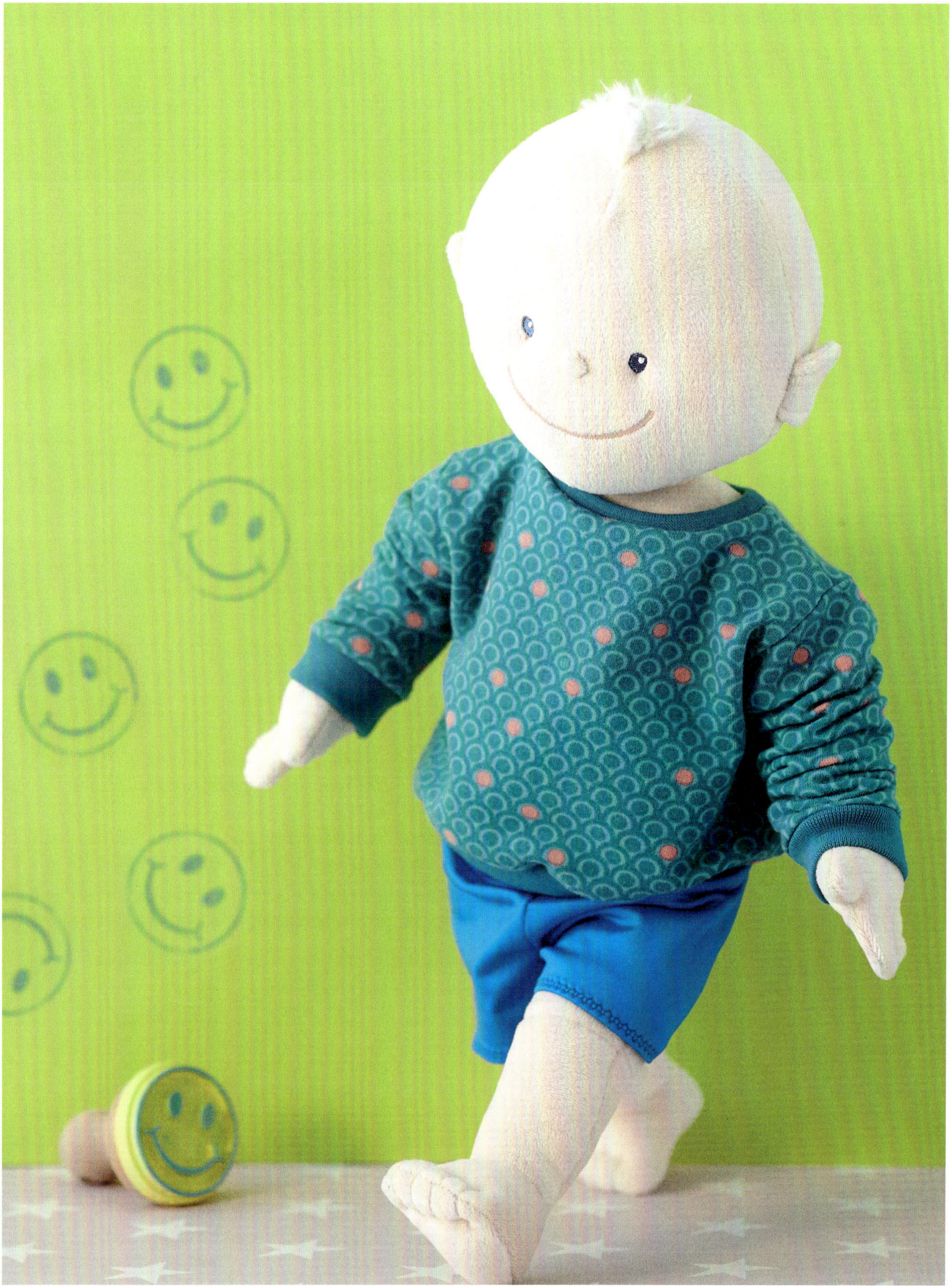

Leggings

BEQUEM UND UNKOMPLIZIERT

GRÖSSE
S/M

MATERIAL
› Jersey, 30 cm x 55 cm
› Gummilitze, 5 mm breit, 40 cm lang
› farblich passendes Nähgarn

ZUSCHNITT
› 1x Hosenteil in doppelter Stofflage

NAHTZUGABEN
Alle Teile mit 0,5–1 cm Nahtzugabe zuschneiden. An den oberen Kanten 1,5 cm und an den Hosenbeinsäumen 1 cm zugeben.

SCHNITTMUSTERBOGEN 1A

1 Die Hosenbeinsäume 1 cm breit nach links schlagen und bügeln. Mit einem Jersey- oder Zierstich annähen.

2 Die Hosenbeine jeweils rechts auf rechts falten, sodass die inneren Beinnähte bündig liegen. Die inneren Beinnähte zusammennähen.

3 Ein Hosenbein auf rechts wenden und rechts auf rechts in das andere Hosenbein schieben. Die Hosenbeine an der vorderen und hinteren Schrittnaht zusammennähen.

4 Die oberen Kanten 1,5 cm breit nach links schlagen und bügeln. Anschließend füßchenbreit festnähen, dabei in der rückwärtigen Mitte eine 2–3 cm lange Öffnung lassen. Die Gummilitze mithilfe einer Sicherheitsnadel durch den Tunnel ziehen und die Enden überlappend vernähen. Die Öffnung schließen. Die Gummilitze muss etwas kürzer als der Bauchumfang der Puppe sein, damit die Leggins gut sitzt.

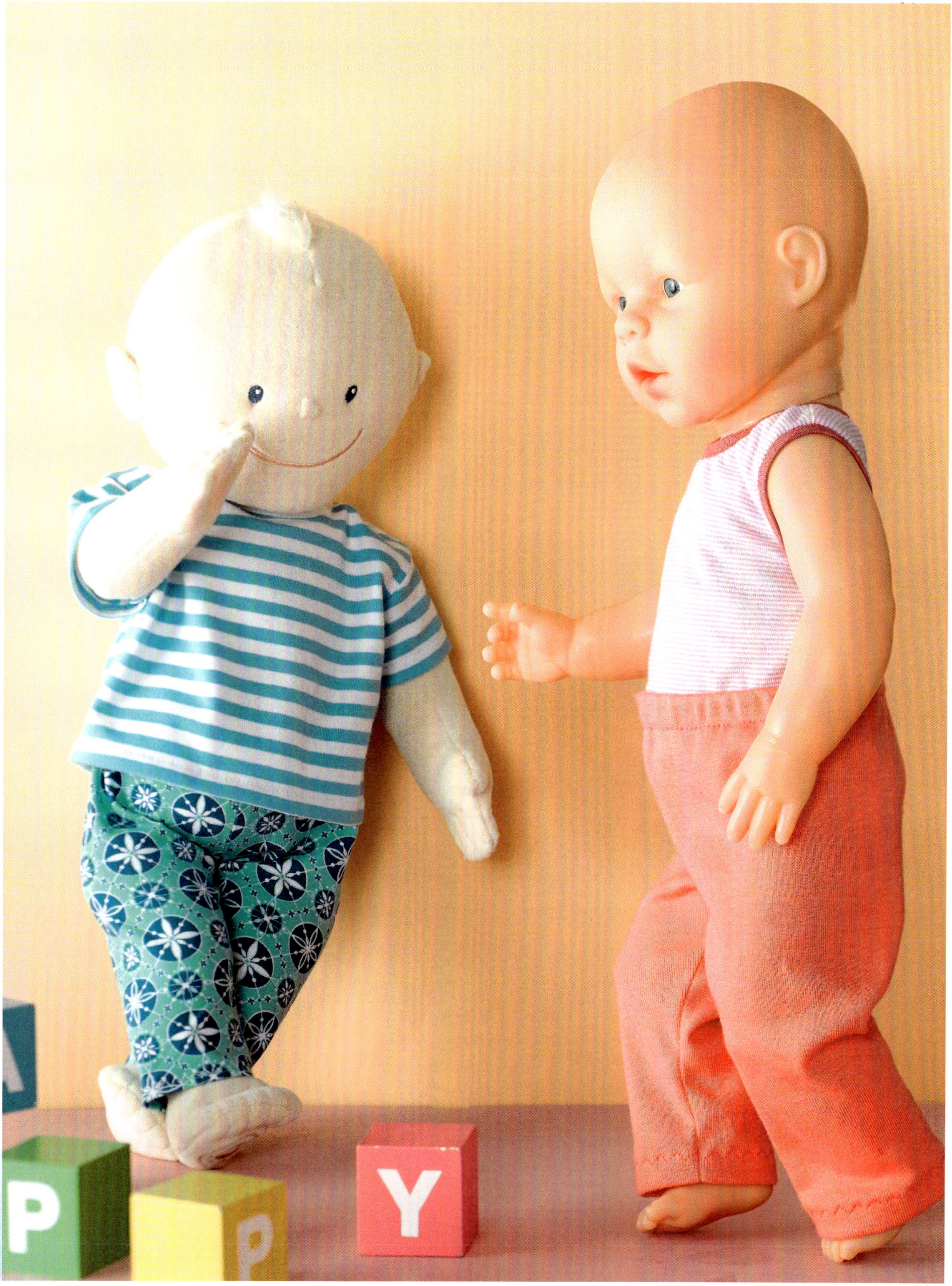
P
P
Y

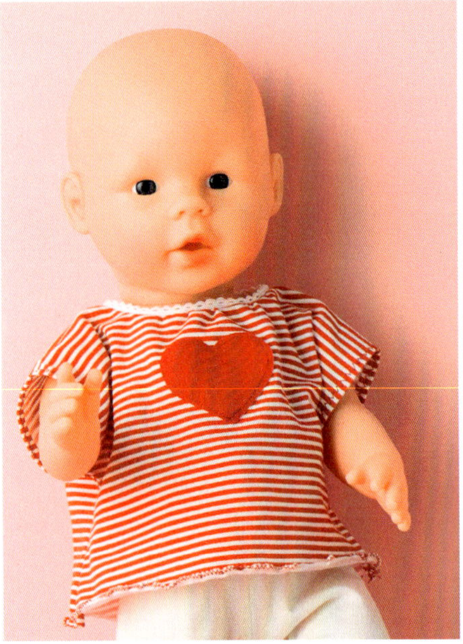
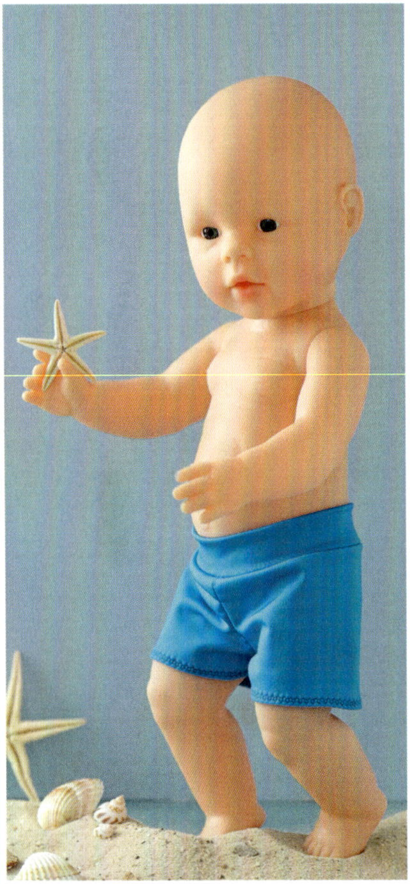
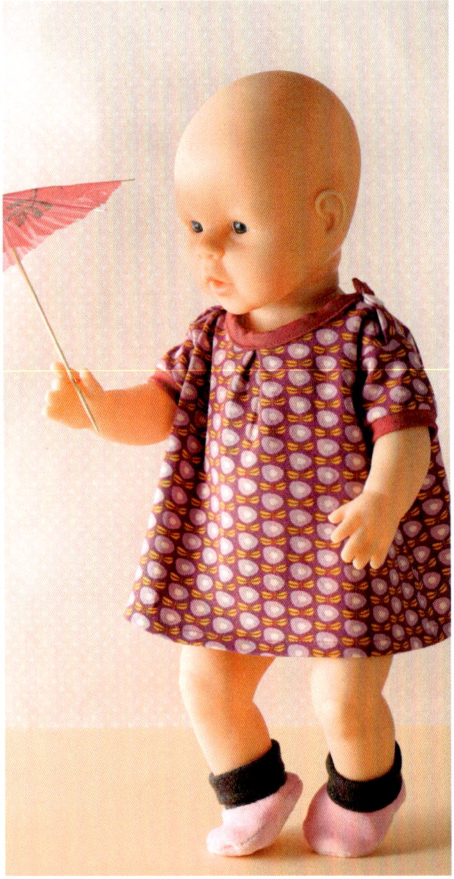
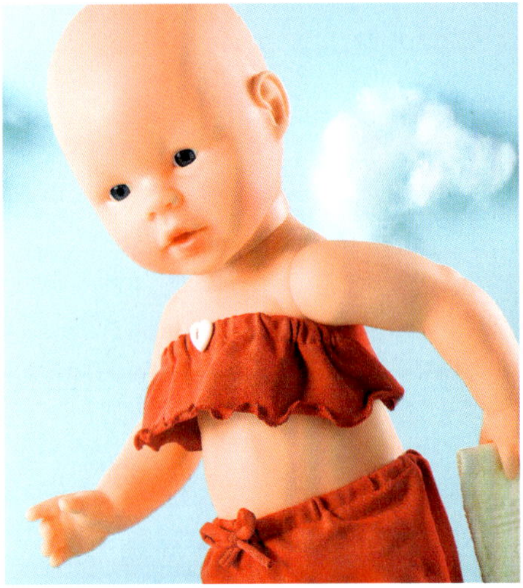
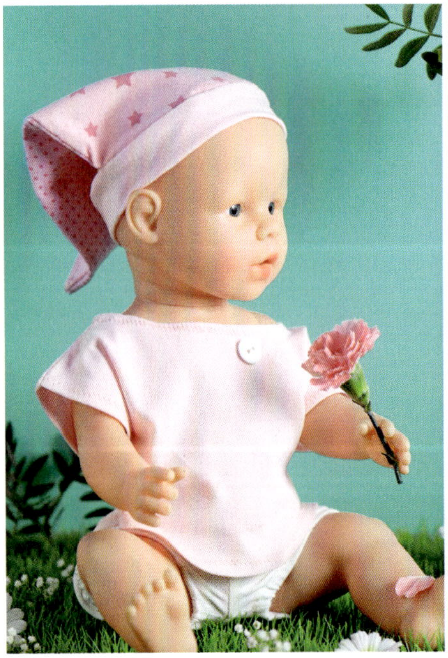
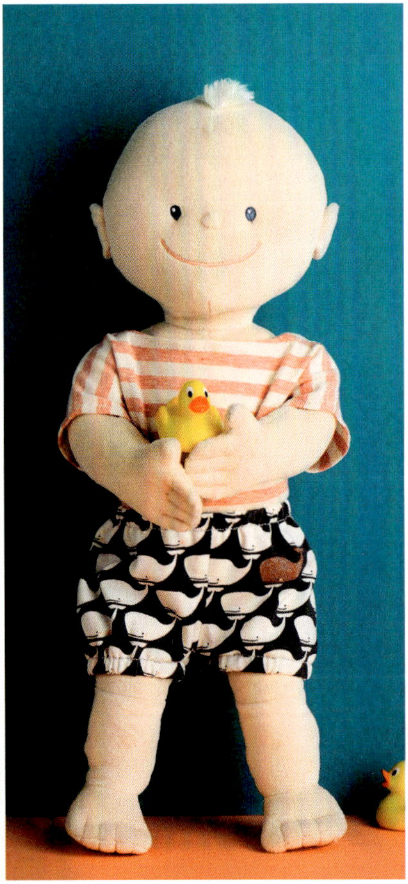
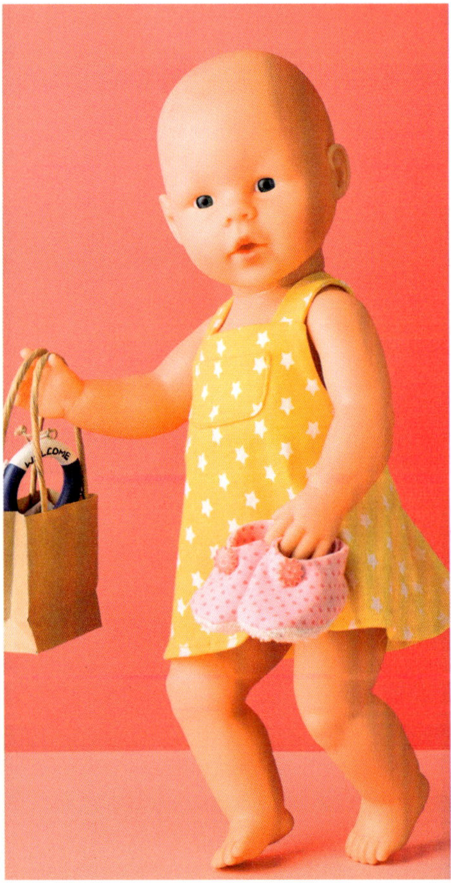

Sommer

Kleidchen

GANZ FIX AUSGEHFEIN

GRÖSSE
One Size

MATERIAL
- Jersey 1 in Weinrot mit Retromuster, 32 cm x 85 cm
- Jersey 2 in Weinrot, (Einfassband), 5 cm x 75 cm
- 4 Color-Snaps in Weinrot
- farblich passendes Nähgarn

ZUSCHNITT
- Jersey 1
  1x Vorderteil im Stoffbruch
  1x Rückenteil im Stoffbruch
  1x Ärmel in doppelter Stofflage
- Jersey 2
  2x Einfassstreifen, 3 cm x 20 cm für die Ärmelsäume
  2x Einfassstreifen, 4 cm x 20 cm für den Halsausschnitt

NAHTZUGABEN
Alle Teile mit 0,5–1 cm Nahtzugabe zuschneiden. Am Kleid- und Ärmelsaum 1 cm zugeben.

SCHNITTMUSTERBOGEN 1A

1 Am Vorder- und Rückenteil die Umschläge an den Schulternähten nach links falten.

2 Die Ausschnittkanten mit den 4 cm breiten Einfassstreifen einfassen. Am Vorderteil vorher die Falte in die vordere Mitte legen und mit einigen Stichen in der Nahtzugabe fixieren.

3 Die Ärmelsäume mit den 3 cm breiten Streifen einfassen (siehe „So wird's gemacht", Kantenabschluss mit gefalteten Bündchenstreifen).

4 Vorder- und Rückenteil an den Schultern 1 cm breit überlappend aufeinanderstecken. Jetzt die Ärmel rechts auf rechts auf die Armausschnitte stecken und festnähen.

5 Anschließend die Seitennähte und Ärmelnähte schließen.

6 Den Kleidsaum 1 cm breit nach links schlagen und festnähen.

7 Zuletzt die Color-Snaps in den Knopfleisten an der Schulter anbringen.

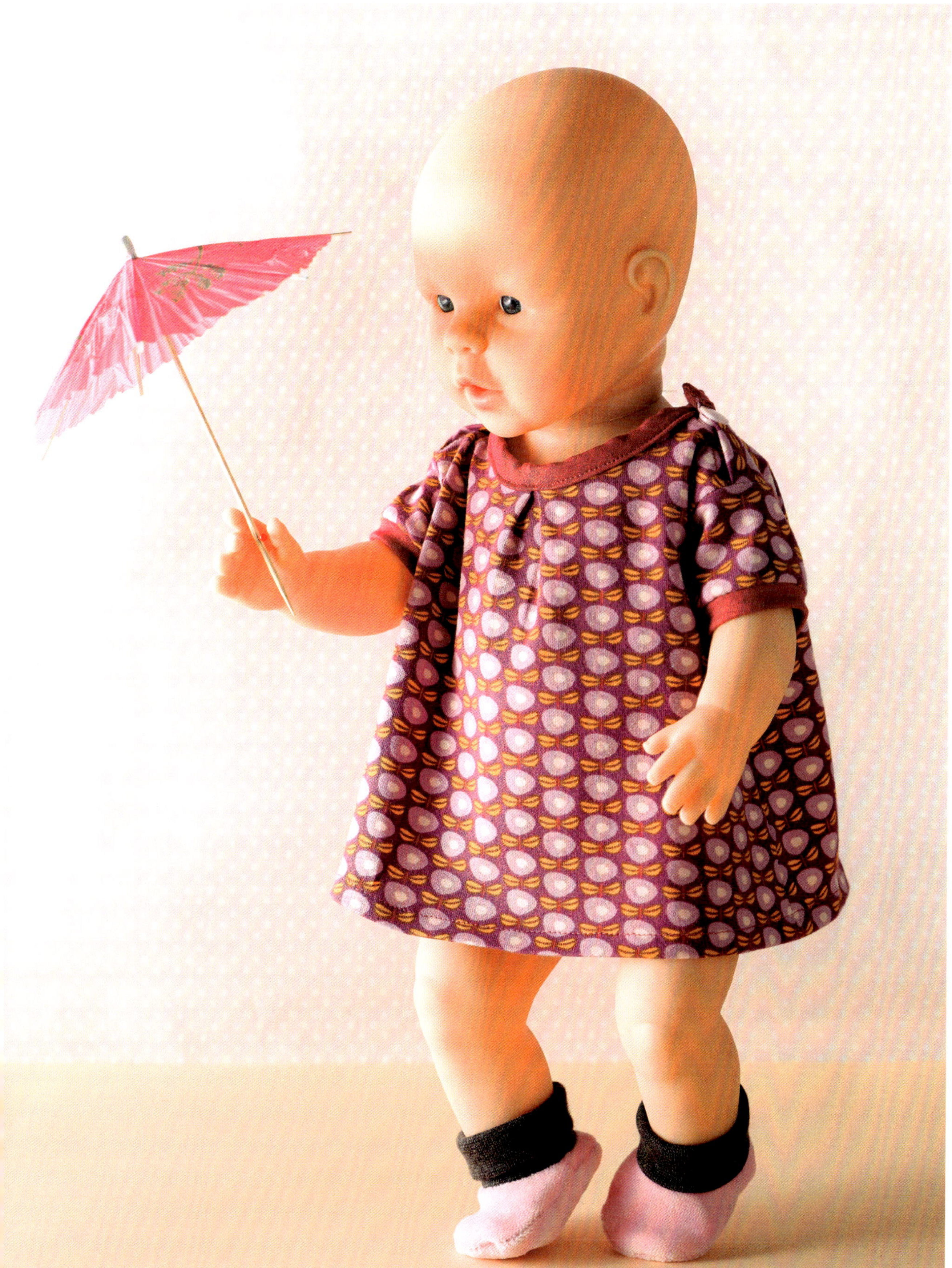

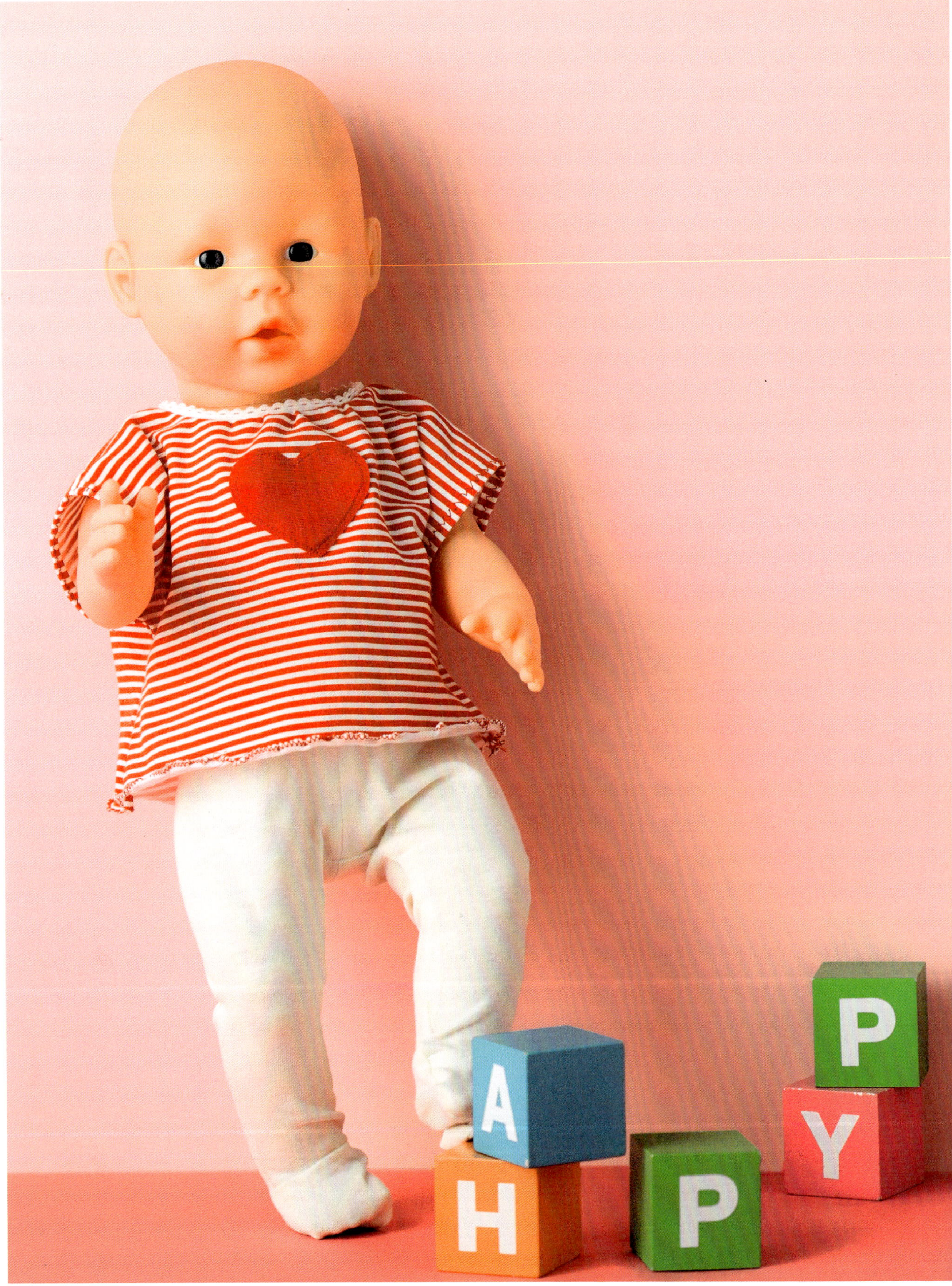
H
A
P
P
Y

T-Shirt

MIT ANGESCHNITTENEN ÄRMELN

GRÖSSE

XS/S + M

Die Angaben für Größe XS stehen vor dem Schrägstrich, die Angaben nach dem Schrägstrich gelten sowohl für Größe S als auch für Größe M.

MATERIAL

- Jersey 1, 20 cm x 50 cm/20 cm x 65 cm
- Jersey 2, 8 cm x 8 cm
- Vliesofix, 8 cm x 8 cm
- für einen Halsausschnitt mit Spitze: Elastik-Abschlussspitze, 10 mm breit, 20 cm/25 cm lang
- farblich passendes Nähgarn

ZUSCHNITT

- Jersey 1
  1x Vorderteil im Stoffbruch
  1x Rückenteil im Stoffbruch
- Gummilitze16 cm/20 cm + Nahtzugabe

NAHTZUGABEN

Alle Teile mit 0,5-1 cm Nahtzugabe zuschneiden.

Am T-Shirt-Saum für einen umgebügelten Saum 1 cm zugeben, für einen gekräuselten Saum wird keine Zugabe benötigt.

SCHNITTMUSTERBOGEN 1B

1 Das Herz auf die Papierseite vom Vliesofix aufzeichnen. Dann das Vliesofix auf die linke Seite des Jerseystoffs 2 bügeln. Anschließend das Herz ausschneiden und das Trägerpapier abziehen. Die Applikation in der Breite mittig und ca. 3 cm unterhalb des Ausschnitts links auf rechts auf die Vorderseite bügeln und mit kleinen geraden Stichen festnähen.

2 Vorder- und Rückenteil des T-Shirts an den Schulterkanten bündig rechts auf rechts legen und die Schulternähte schließen.

3 Die Ärmelsäume 1 cm breit nach links schlagen und mit elastischen Stichen festnähen.

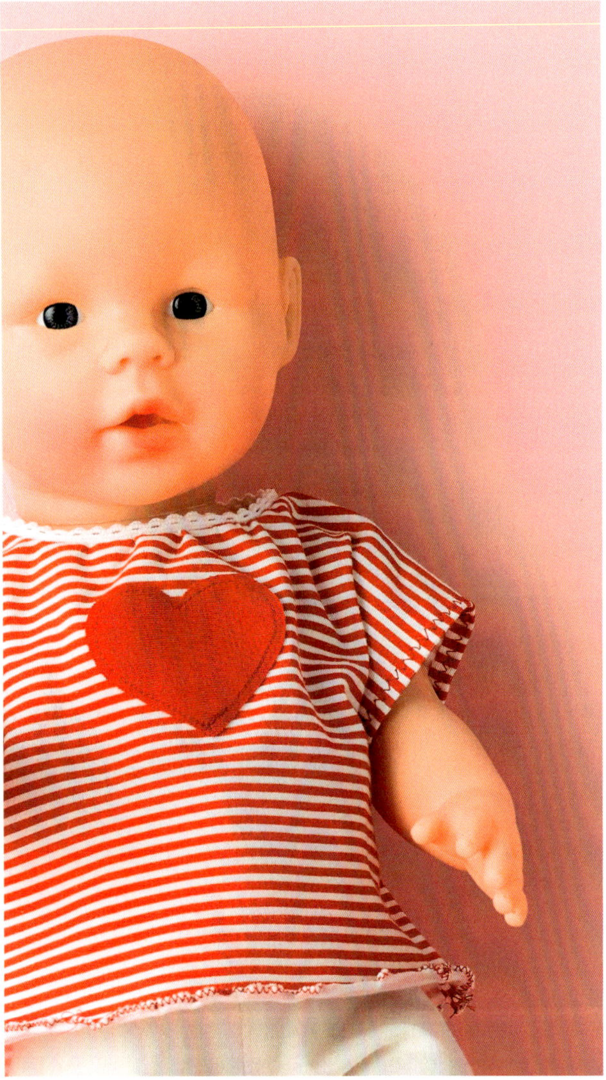

4 Vorder- und Rückenteil rechts auf rechts legen, sodass die Ärmel- und Seitenkanten jeweils bündig aufeinanderliegen. Die Ärmel- und Seitennähte vom Ärmelsaum bis zum T-Shirt-Saum mit einer durchgehenden Naht schließen.

5 Für einen gekräuselten Saum die untere Kante des Vorderteils mit kurzen Zickzackstichen (4 mm breit, 1 mm lang) versäubern, dabei den Stoff etwas dehnen, sodass er sich nach dem Nähen kräuselt. Für einen umgebügelten T-Shirt-Saum die untere Kante 1 cm breit nach links bügeln und mit elastischen Stichen festnähen.

6 Die Elastik-Abschlussspitze zum Ring legen und an den kurzen Seiten rechts auf rechts zusammennähen. Die Nahtzugaben auseinanderlegen. Die Spitze leicht gedehnt rechts auf rechts an den Halsausschnitt stecken und festnähen. Zum Schluss die Spitze nach oben falten und die Nahtzugaben in das T-Shirt bügeln.

7 Für einen Halsabschluss ohne Spitze die Nahtzugaben am Halsausschnitt einfach nach links umbügeln und mit elastischen Stichen festnähen.

Latzkleid

GRUNDAUSSTATTUNG FÜR FITTE MÄDELS

GRÖSSE

XS/S + M

Die Angaben für Größe XS stehen vor dem Schrägstrich, die Angaben nach dem Schrägstrich gelten sowohl für Größe S als auch für Größe M.

MATERIAL

- Jersey, 20 cm x 65 cm/20 cm x 90 cm
- Gummilitze, 7 mm breit, 10 cm/15 cm lang
- farblich passendes Nähgarn

ZUSCHNITT

- Jersey
  1x Vorderteil im Stoffbruch
  1x Beleg im Stoffbruch
  1x Rückenteil im Stoffbruch
  1x Tasche in doppelter Stofflage
  2 Träger-Streifen, 4 cm x 20 cm/5 cm x 25 cm
- Gummilitze
  ½ Bauchumfang + Nahtzugabe

NAHTZUGABEN

Alle Teile mit 0,5-1 cm Nahtzugabe zuschneiden.

Am Saum 1 cm zugeben.

Die Maße für die Träger enthalten bereits 0,5 cm Nahtzugabe.

SCHNITTMUSTERBOGEN 1B

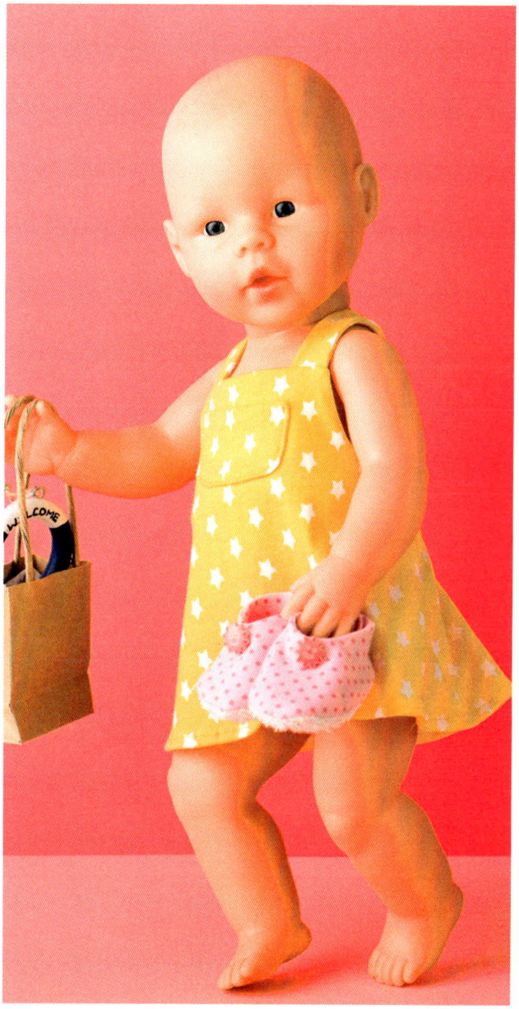

1 Zuerst die Taschenteile rechts auf rechts legen und zusammennähen, die Wendeöffnung dabei auslassen. Die Nahtzugaben an den Ecken schräg bis dicht an die Naht abschneiden und an den Rundungen einknipsen. Die Tasche wenden und bügeln, dabei die Nahtzugaben im Bereich der Wendeöffnung nach innen schieben. Die Tasche entsprechend der Markierung im Schnittmuster auf die rechte Seite des Vorderteils stecken und an den Seiten und am Boden mit geraden Stichen festnähen.

2 Die Träger-Streifen längs rechts auf rechts falten und jeweils an den Längskanten zusammennähen. Die Träger mithilfe einer Sicherheitsnadel wenden, dafür die Sicherheitsnadel jeweils an einem Ende an der Nahtzugabe befestigen, durch den Tunnel schieben und so den Stoff mitziehen.

3 Das Vorderteil mit der rechten Seite nach oben auf die Arbeitsfläche legen. Die Träger jeweils mit einem kurzen Ende den Markierungen im Schnittmuster entsprechend feststecken, dabei liegen die Träger auf dem Vorderteil und die kurzen offenen Kanten liegen bündig an der Stoffkante.

4 Den Beleg rechts auf rechts bündig an die obere Kante des Vorderteils stecken und an der oberen Kante und den Armausschnitten festnähen. Die Träger dabei mitfassen. Die Nahtzugaben an den Ecken schräg bis dicht an die Naht zurückschneiden, an den Rundungen einknipsen. Das Vorderteil auf rechts wenden und im Bereich des Belegs bügeln.

5 Die obere Kante des Rückenteils an der Umbruchlinie nach links schlagen, feststecken und mit 1 cm Abstand zum Stoffbruch nähen. Die Gummilitze mithilfe einer Sicherheitsnadel durch den Tunnel ziehen, den Stoff dabei raffen. Die Enden der Litze an beiden Seitenkanten mit wenigen Maschinenstichen an den Nahtzugaben fixieren.

6 Das Rückenteil mit den Seitenkanten bündig rechts auf rechts auf das Vorderteil legen. Am oberen Ende der Seitennaht den Beleg um das Rückenteil schlagen, sodass das Rückenteil zwischen Beleg und Vorderteil liegt. Dann die Seitennähte schließen und den Rock wenden.

7 Das Kleid anprobieren und die Länge prüfen, eventuell kürzen. Den Rocksaum 1 cm breit nach links schlagen und mit geraden Stichen festnähen.

8 Die Träger über Kreuz rechts auf links an das Rückenteil stecken und die Länge überprüfen. Eventuell die Träger etwas kürzen. Anschließend die Träger knappkantig und mit 1 cm Abstand zur oberen Kante festnähen.

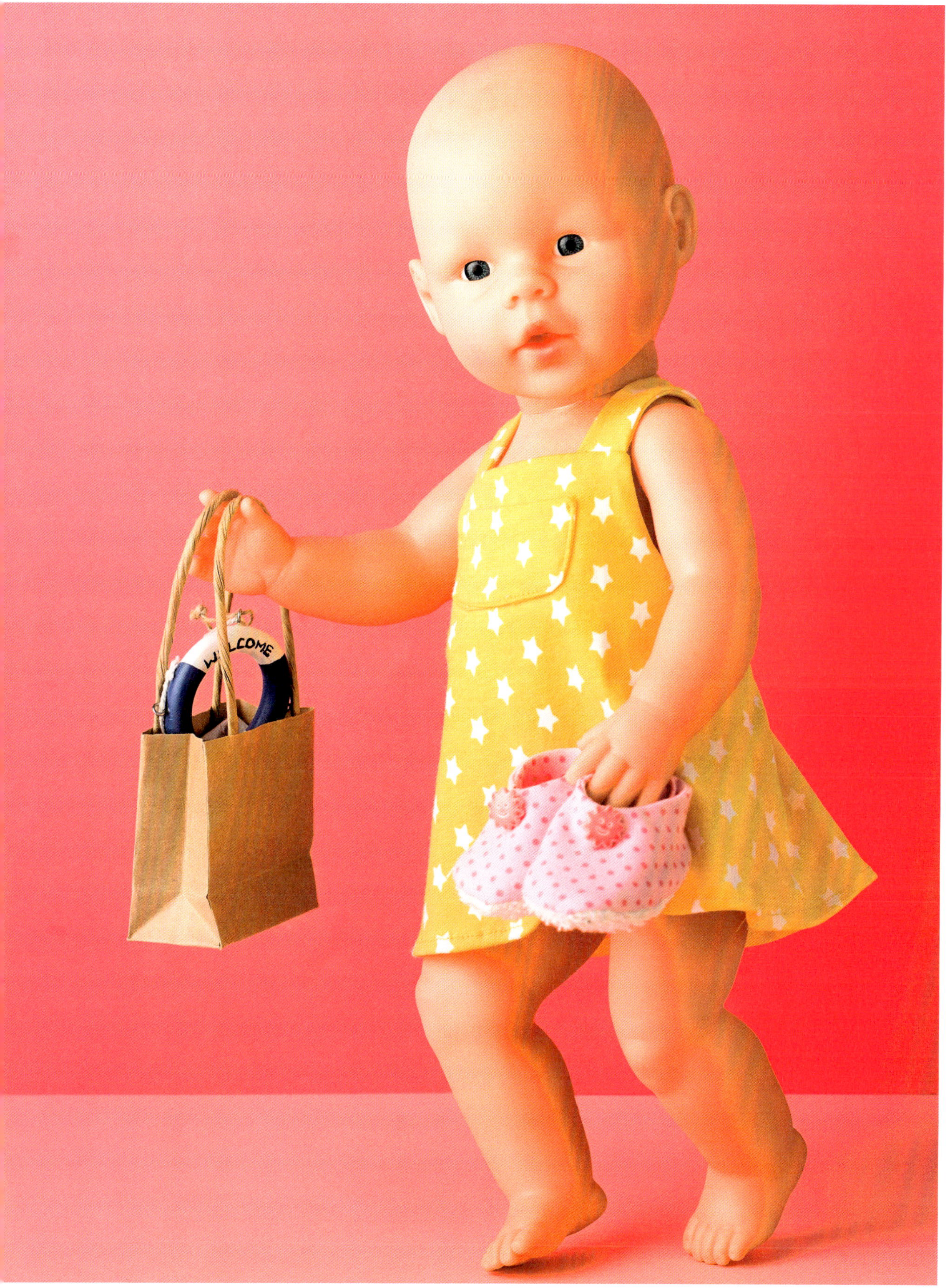

Bikini-Set

FÜR HEISSE SOMMERTAGE

GRÖSSE

XS/S+M

Die Angaben für Größe XS stehen vor dem Schrägstrich, die Angaben nach dem Schrägstrich gelten sowohl für Größe S als auch für Größe M.

MATERIAL

- Jersey, 10 cm x 40 cm/ 15 cm x 50 cm
- Gummilitze, 7 mm breit, 15 cm/20 cm lang
- Knopf, ø 10 mm
- farblich passendes Nähgarn

ZUSCHNITT

- Jersey
  1x Vorderteil
  1x Rückenteil
- Gummilitze
  ½ Brustumfang + Nahtzugabe

NAHTZUGABEN

Beide Teile mit 0,5-1 cm Nahtzugabe zuschneiden.

Den Saum des Vorderteils ohne Nahtzugabe schneiden.

SCHNITTMUSTERBOGEN 2B

1 Für den Saum des Vorderteils eine lange Kante mit kleinen Zickzackstichen (4 mm breit, 1 mm lang) versäubern, dabei den Stoff etwas dehnen, sodass er sich nach dem Nähen kringelt.

2 Die andere lange Kante des Vorderteils (= Oberkante) 1,5 cm nach links schlagen, bügeln und 1 cm breit absteppen. Die Gummilitze mithilfe einer Sicherheitsnadel durch den Tunnel ziehen, den Stoff dabei raffen. Die Enden der Gummilitze an den Nahtzugaben des Tunnels festnähen.

3 Das Rückenteil der Länge nach mittig rechts auf rechts falten, sodass die langen Kanten bündig aufeinanderliegen. Diese Kanten stecken und zusammennähen. Den Schlauch mithilfe einer Sicherheitsnadel wenden und bügeln.

4 Vorder- und Rückenteil an einer Seitenkante rechts auf rechts bündig aufeinanderlegen und zusammennähen. Anschließend das Bikini-Oberteil anprobieren, um zu sehen, ob es eng genug sitzt, um nicht herunterzurutschen. Eventuell das Rückenteil etwas kürzen.

5 Vorder- und Rückenteil wieder rechts auf rechts legen, sodass die offenen Seitenkanten bündig aufeinanderliegen, und zusammennähen. Die Nahtzugaben an den Seitenkanten auseinanderbügeln.

6 Zuletzt den Knopf mittig an die obere Kante des Vorderteils nähen.

HINWEIS: Das passende Unterteil zum Set finden Sie auf der nächsten Seite. Verwenden Sie einfach denselben Stoff, wie für das Oberteil oder kreieren Sie coole Farbkombinationen!

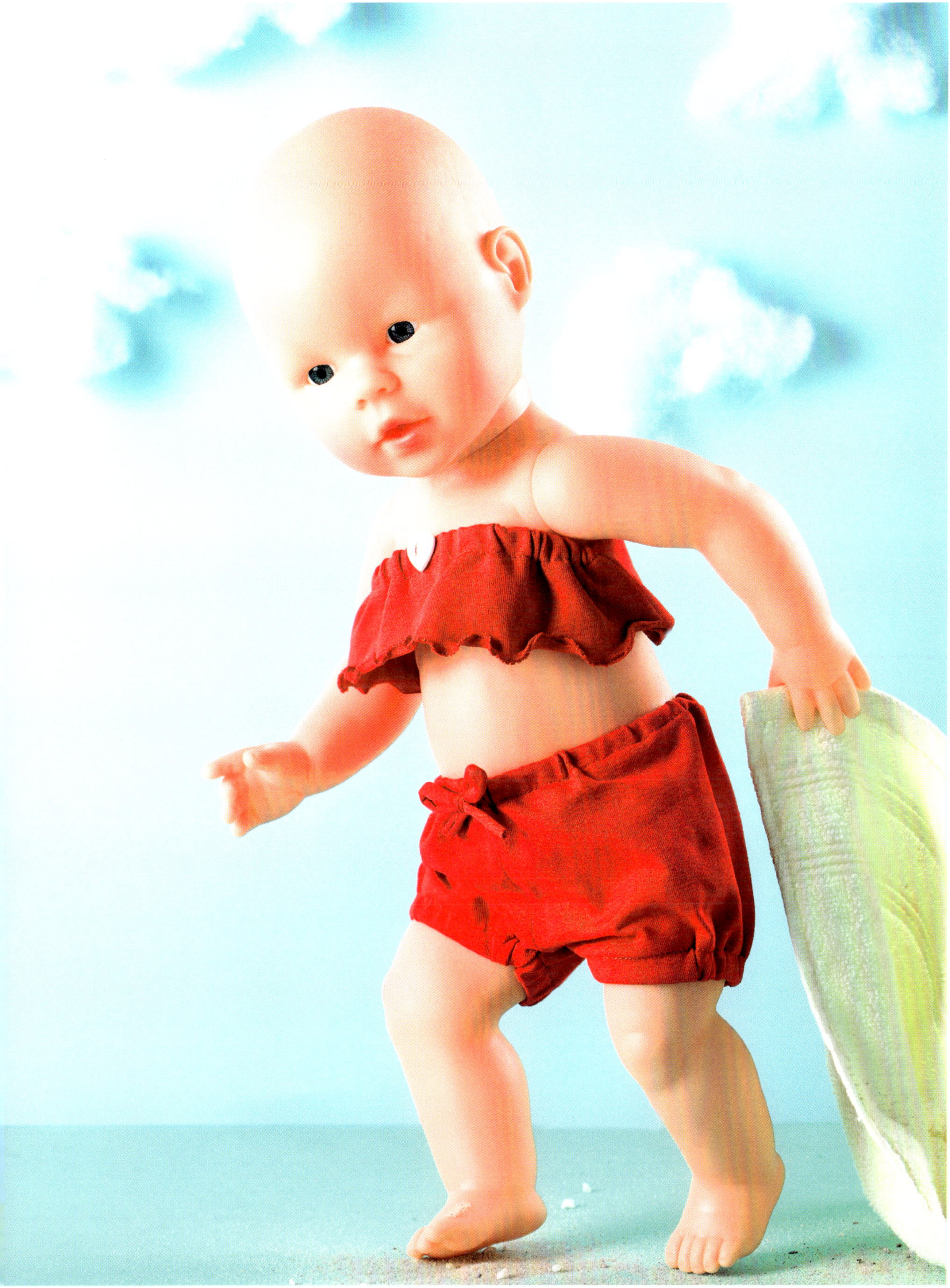

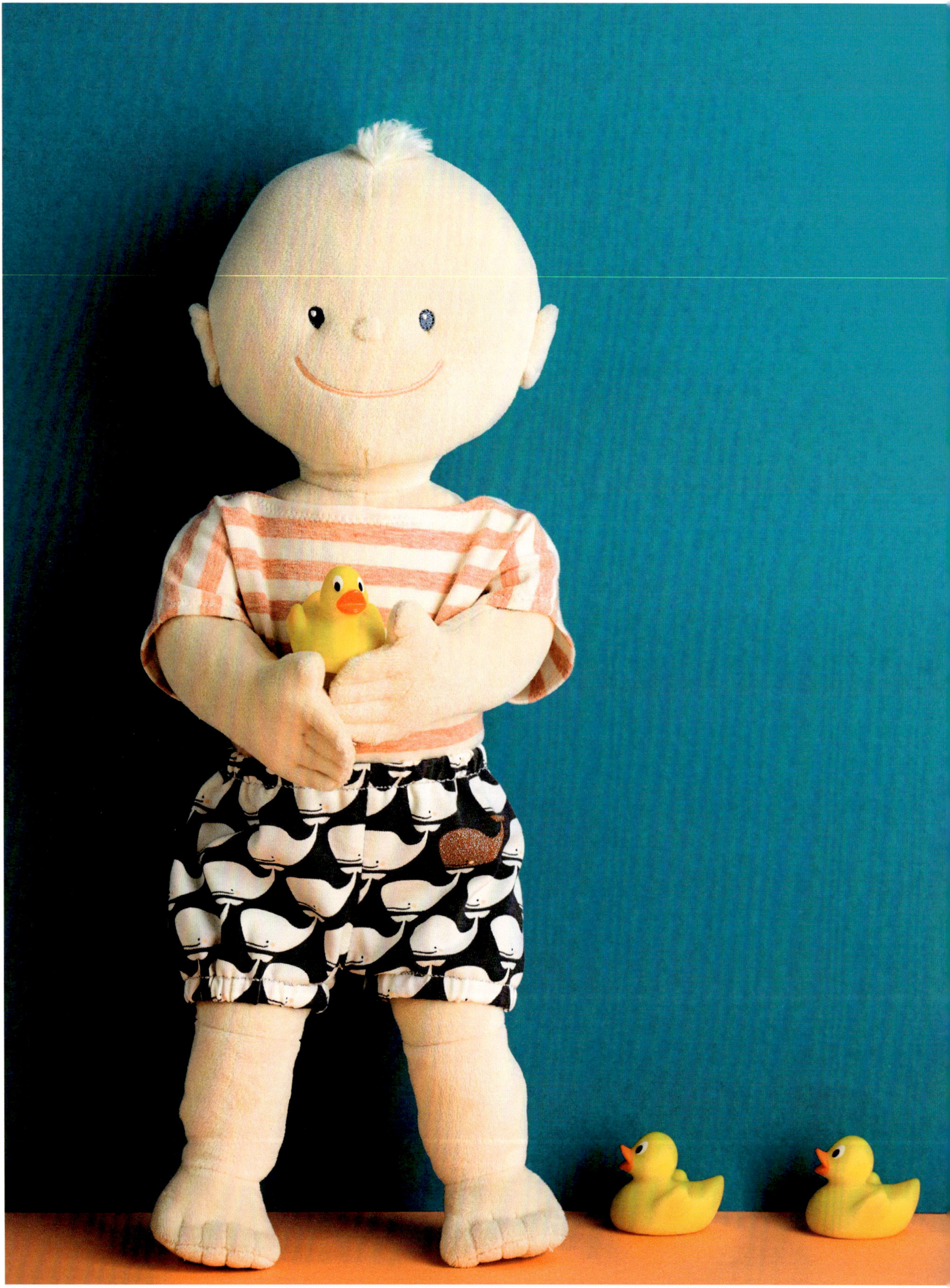

Sommerhose

GANZ BESTIMMT SANDKASTENTAUGLICH

GRÖSSE

XS/S+M

Die Angaben für Größe XS stehen vor dem Schrägstrich, die Angaben nach dem Schrägstrich gelten sowohl für Größe S als auch für Größe M.

MATERIAL

- Jersey, 10 cm x 40 cm/15 cm x 50 cm
- Gummilitze, 7 mm breit, 15 cm/20 cm lang
- Knopf, ø 10 mm
- farblich passendes Nähgarn

ZUSCHNITT

- Jersey
  1x Vorderteil
  1x Rückenteil
- Gummilitze
  ½ Brustumfang + Nahtzugabe

NAHTZUGABEN

Beide Teile mit 0,5-1 cm Nahtzugabe zuschneiden.

Den Saum des Vorderteils ohne Nahtzugabe schneiden.

SCHNITTMUSTERBOGEN 2B

1 Die Hosenteile rechts auf rechts aufeinanderstecken und die Schrittnähte in der vorderen und rückwärtigen Mitte schließen.

2 Die Hosenbeinsäume 1,5 cm breit nach links bügeln und 1 cm breit absteppen.

3 Die beiden kürzeren Gummilitzen mithilfe einer Sicherheitsnadel in die Tunnel an den Hosenbeinsäumen ziehen. Die Enden der Litzen jeweils mit geraden Stichen an den Nahtzugaben festnähen.

4 Die Hosenteile an den inneren Beinkanten rechts auf rechts bündig stecken und zusammennähen.

5 Die oberen Kanten 1,5 cm breit nach links umbügeln. Anschließend mit 1 cm Abstand zur oberen Kante festnähen, dabei in der rückwärtigen Hosenmitte eine 3 cm lange Öffnung lassen. Die Gummilitze mithilfe einer Sicherheitsnadel durch den Tunnel ziehen. Die Gummibandenden 2 cm überlappend miteinander vernähen. Die Öffnung von Hand schließen.

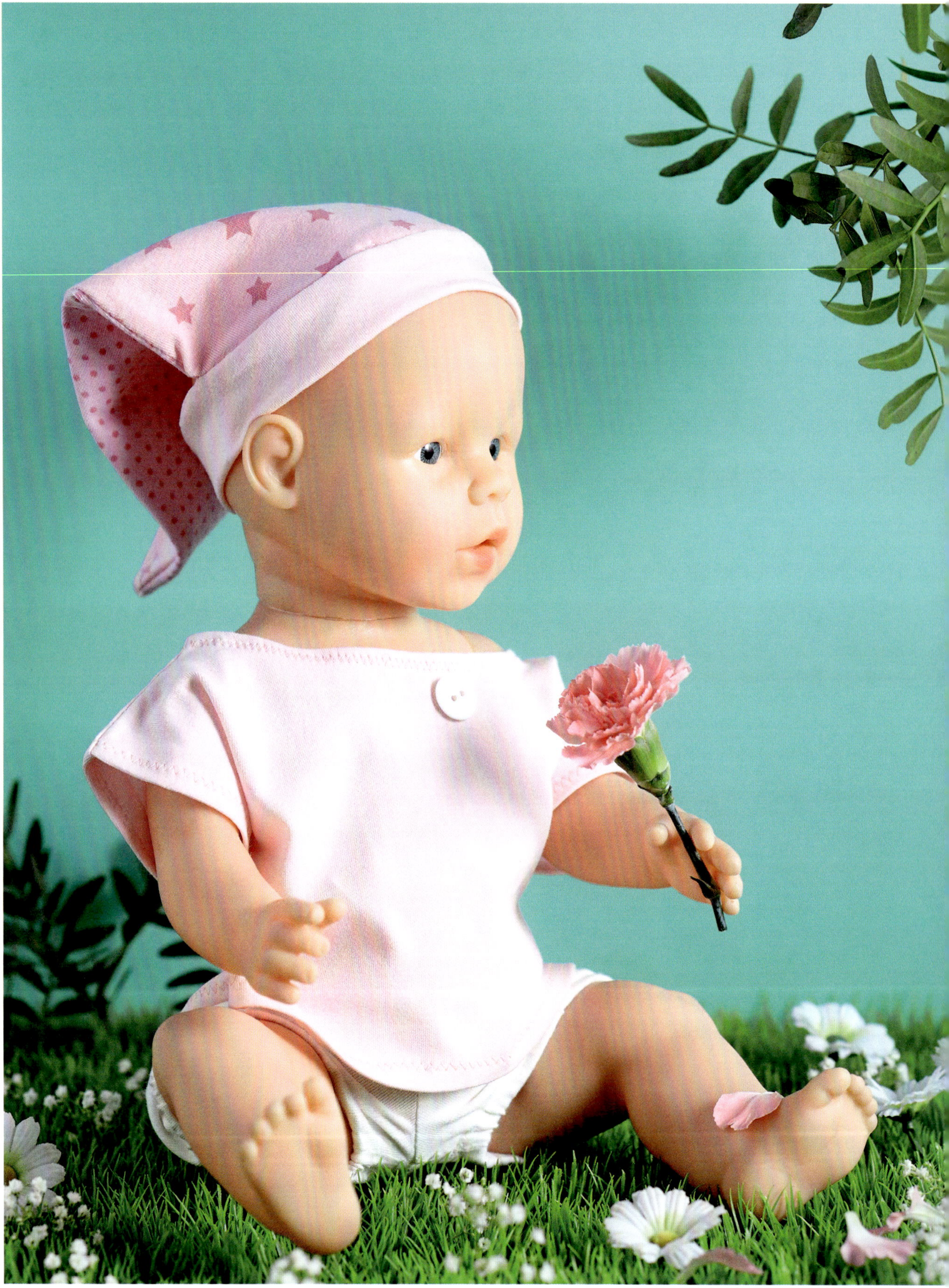

Wende-Kopftuch

ZWEIFACH BEHÜTET

GRÖSSE

XS/S + M

Die Angaben für Größe XS stehen vor dem Schrägstrich, die Angaben nach dem Schrägstrich gelten sowohl für Größe S als auch für Größe M.

MATERIAL

- Jersey 1, 20 cm x 20 cm/25 cm x 25 cm
- Jersey 2, 20 cm x 20 cm/25 cm x 25 cm
- Jersey 3, 8 cm x 35 cm/10 cm x 45 cm
- farblich passendes Nähgarn

ZUSCHNITT

- Jersey 1
  1x Kopftuchteil (Oberseite)
- Jersey 2
  1x Kopftuchteil (Unterseite)
- Jersey 3
  1 Streifen, 6 cm x (Kopfumfang + 1 cm)/
  1 Streifen, 7 cm x (Kopfumfang + 1 cm)

NAHTZUGABEN

Die Kopftuchteile mit 0,5-1 cm Nahtzugabe zuschneiden.

Die Maße für den Streifen enthalten bereits 0,5 cm Nahtzugabe.

SCHNITTMUSTERBOGEN 1A

1 Das Kopftuchteil für die Oberseite mit der Unterkante mittig rechts auf rechts an eine lange Kante des Streifens stecken und festnähen. Dabei die Stoffe nicht im Bereich der Nahtzugaben zusammennähen.

2 Das zweite Kopftuchteil ebenso an die andere lange Kante des Streifens nähen, dabei die Wendeöffnung auslassen.

3 Die Kopftuchteile mit den Seitenkanten rechts auf rechts bündig aufeinanderlegen. Die Teile entlang beider Seitenkanten zusammennähen. Die Nahtzugaben an der Spitze bis dicht an die Naht schräg abschneiden.

4 Jetzt das Kopftuch wenden und anprobieren, den Streifen eventuell beidseitig etwas kürzen.
Das Kopftuch soll fest am Kopf sitzen, um nicht herunterzurutschen, aber nicht zu straff sein.

5 Die Streifenenden zum Ring legen, die kurzen Seiten rechts auf rechts aufeinanderstecken und zusammennähen.

6 Die Nahtzugaben an beiden offenen Streifenkanten nach innen falten, aufeinanderstecken und mit Matratzenstichen zusammennähen (siehe „So wird's gemacht").

Badehose

SCHNELL ZUM BADESEE

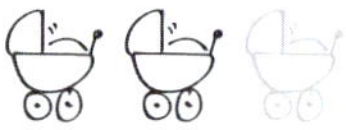

GRÖSSE
S/M

MATERIAL
- Elastik-Jersey in Blau, 15 cm x 55 cm
- farblich passendes Nähgarn

ZUSCHNITT
- 1x Hosenteil in doppelter Stofflage
- 1x Bauchbündchen, 6 cm x 80 % des Bauchumfanges + Nahtzugaben

NAHTZUGABEN
Alle Teile mit 0,5–1 cm Nahtzugabe zuschneiden. An den Hosenbeinsäumen 1 cm zugeben.

SCHNITTMUSTERBOGEN 1A

1 Die Hosensäume 1 cm breit nach links falten und die Säume feststeppen (z. B. mit dem Wabenstich).

2 Die Hosenbeine jeweils rechts auf rechts falten, sodass die inneren Beinnähte bündig liegen. Die inneren Beinnähte zusammennähen.

3 Ein Hosenbein auf rechts wenden und rechts auf rechts in das andere Hosenbein schieben. Die Hosenbeine an der vorderen und hinteren Schrittnaht zusammennähen.

4 Das Bauchbündchen rechts auf rechts falten und an den kurzen Kanten schließen. Den Bündchenring der Länge nach links auf links falten und gleichmäßig gedehnt an die Hose stecken und festnähen (siehe „So wird's gemacht", Bündchen annähen).

MEIN TIPP FÜR SIE: Da es sich hier um sehr elastischen Stoff handelt, sollten Sie auch unbedingt einen elastischen Stich verwenden. Der Wabenstich ist eine gute Wahl.

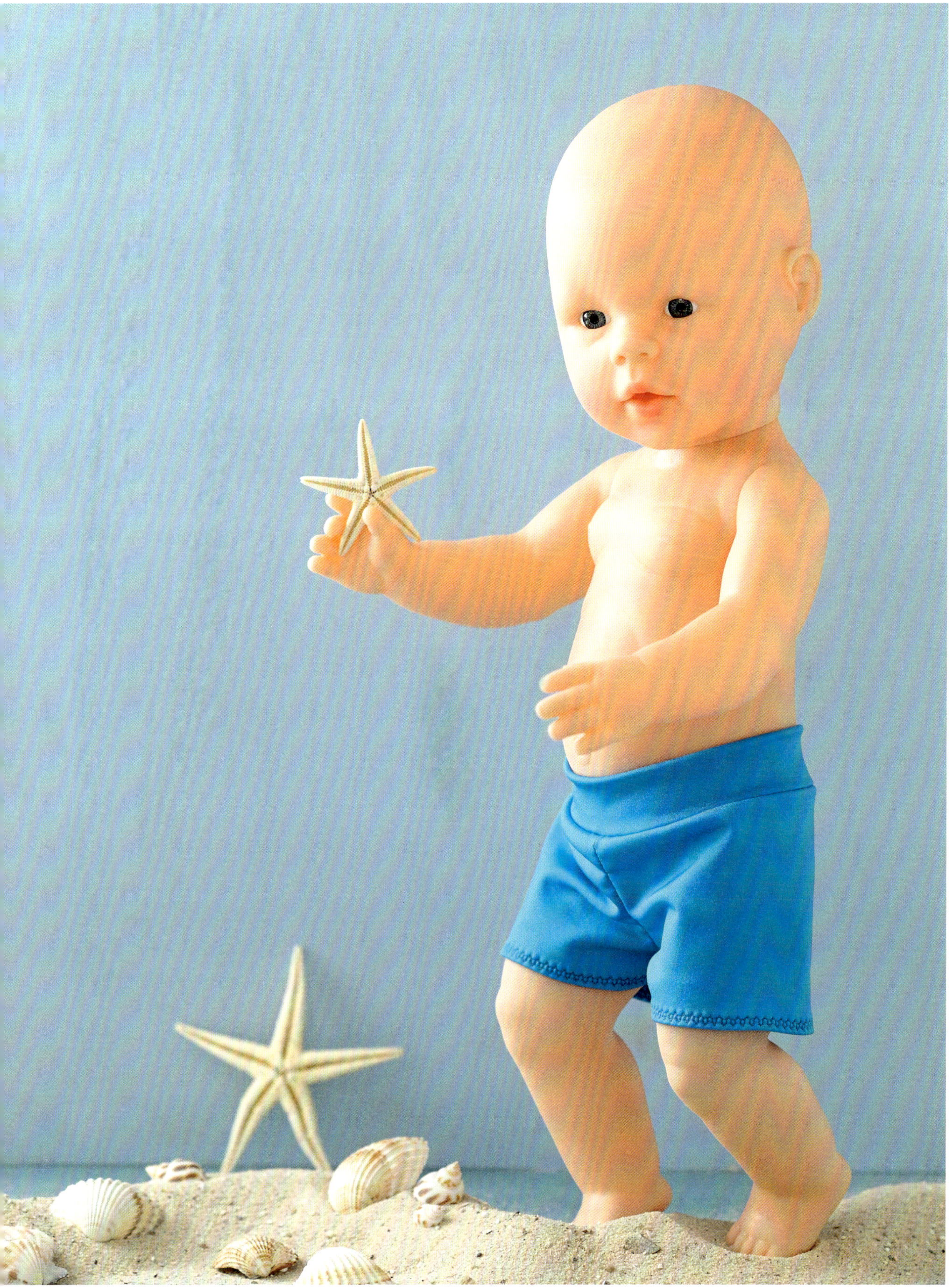

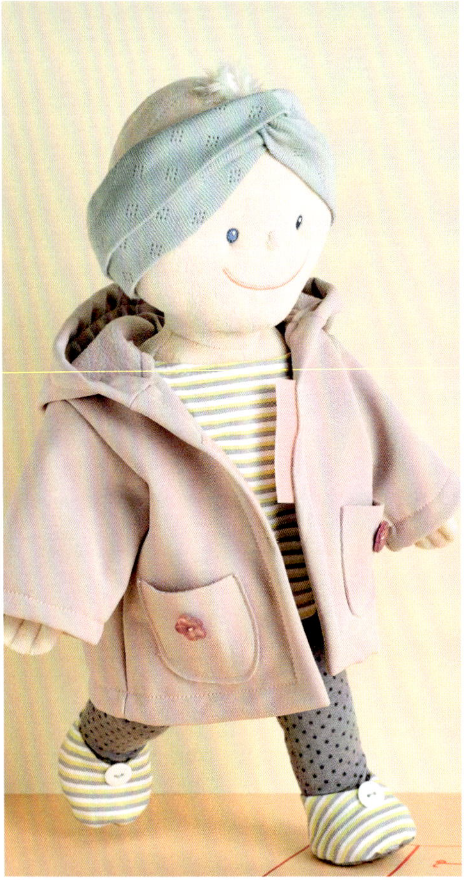
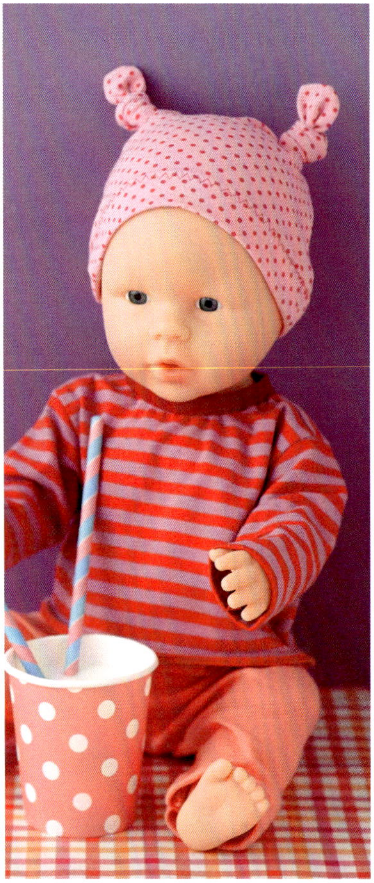
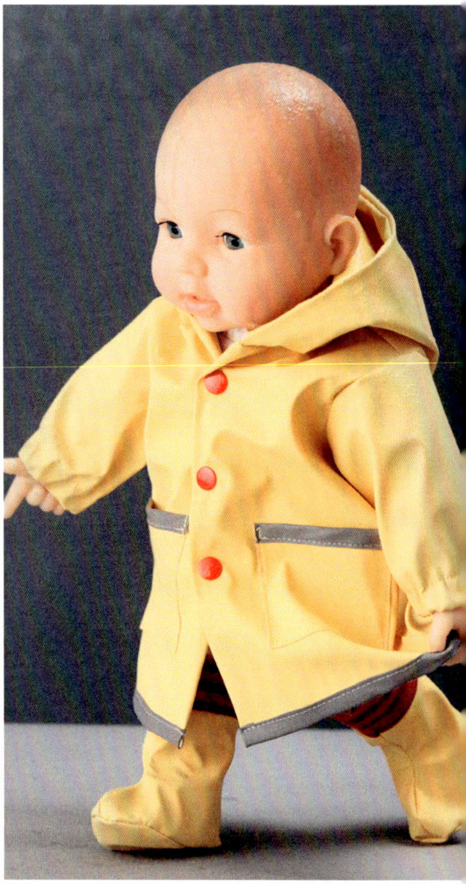
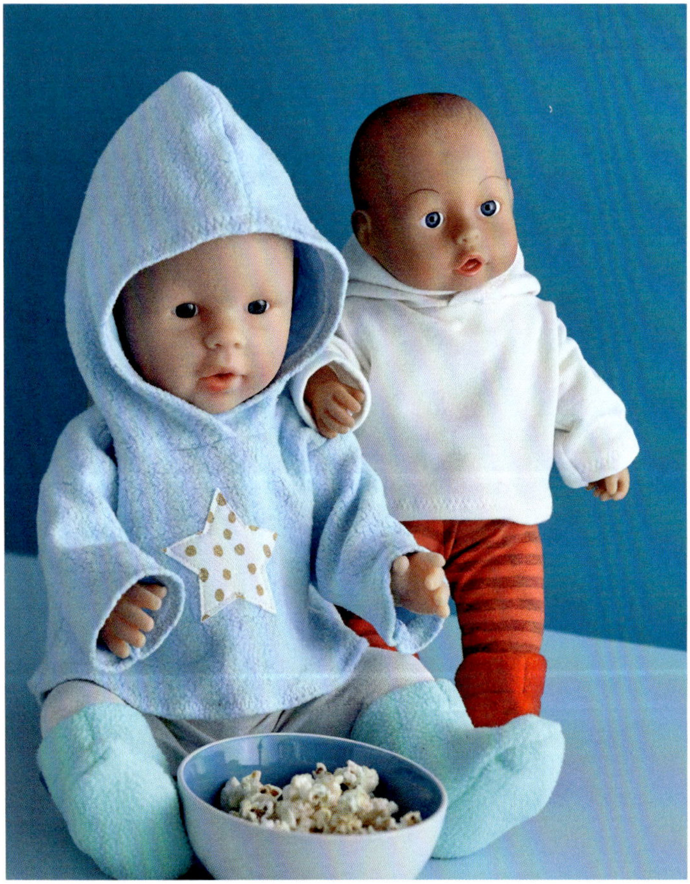
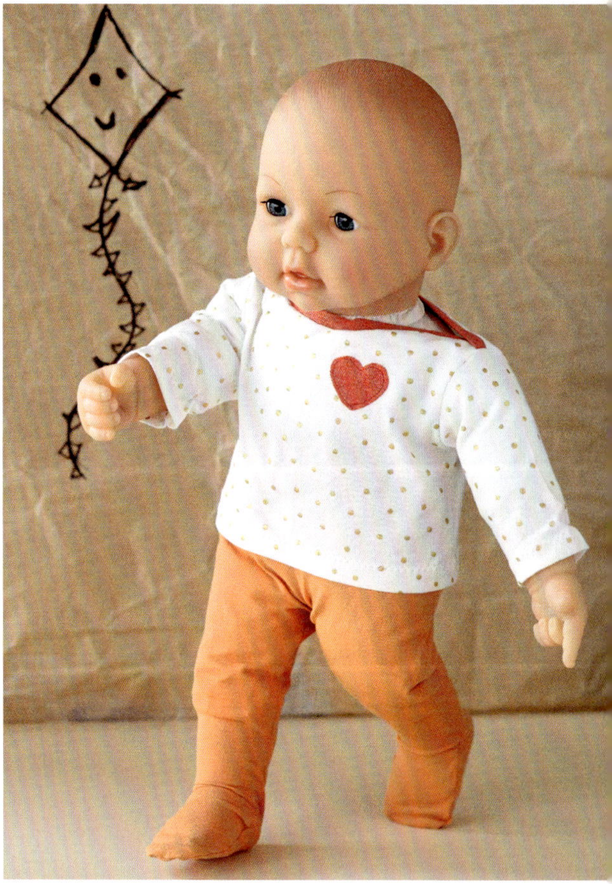

Herbst

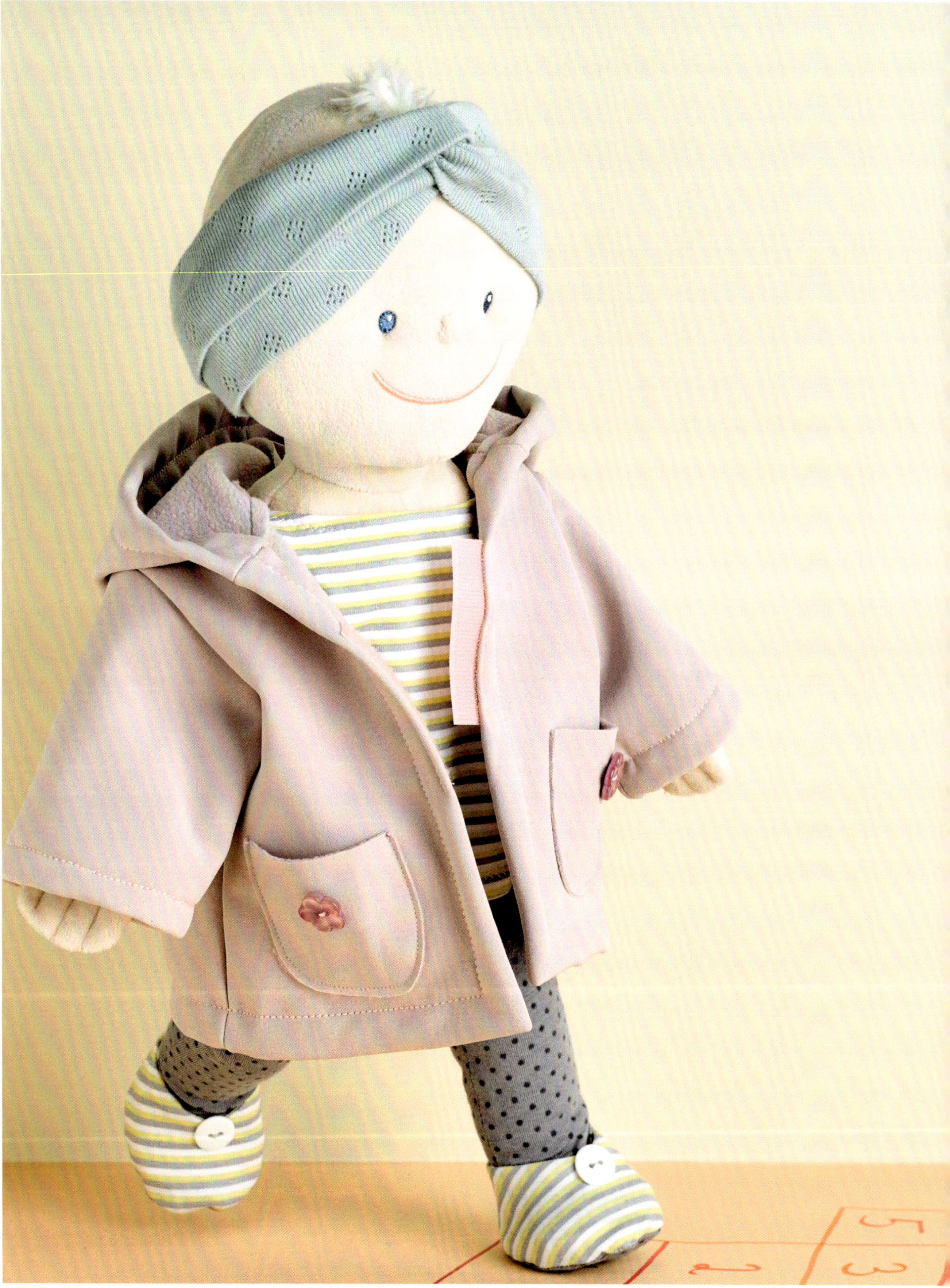

Softshell-Jacke

BEI JEDEM WETTER PASSEND ANGEZOGEN

GRÖSSE

XS/S + M

Die Angaben für Größe XS stehen vor dem Schrägstrich, die Angaben nach dem Schrägstrich gelten sowohl für Größe S als auch für Größe M.

MATERIAL

› Softshell, 20 cm x 140 cm/40 cm x 140 cm
› Klettband, 1,5 cm breit, 4 cm/6 cm lang
› 2 Zier-Knöpfe, ø 10 mm/15 mm
› farblich passendes Nähgarn

ZUSCHNITT

› 1x Vorderteil in doppelter Stofflage
› 1x Rückenteil im Stoffbruch
› 1x Kapuze in doppelter Stofflage
› 1x Ärmel in doppelter Stofflage
› 1x Tasche in doppelter Stofflage

NAHTZUGABEN

Alle Jackenteile mit 0,5-1 cm Nahtzugabe zuschneiden.

An den vorderen Kanten des Vorderteils und der Kapuze 1,5 cm und am Jacken- und Ärmelsaum 1 cm/1,5 cm zugeben.

Die Taschen ohne Nahtzugabe zuschneiden.

SCHNITTMUSTERBOGEN 1B

1 Die Kapuzenteile rechts auf rechts stecken und an der hinteren Kante zusammennähen, die vordere und untere Kante offenlassen.

2 Die Vorderteile rechts auf rechts auf das Rückenteil legen und an den Schultern bündig stecken. Dann die Schulternähte schließen.

3 Die Kapuze rechts auf rechts an den Halsausschnitt stecken und festnähen.

4 Die Ärmel jeweils rechts auf rechts in die Armausschnitte einpassen, feststecken und einnähen. Jetzt die Jacke anprobieren und die Ärmellänge überprüfen, die Ärmel eventuell kürzen. Die Ärmelsäume 1 cm/1,5 cm nach links schlagen und knappkantig festnähen.

5 Die Ärmel der Länge nach rechts auf rechts falten, Vorder- und Rückenteil ebenfalls rechts auf rechts legen, sodass die Ärmel- und Seitenkanten jeweils bündig aufeinanderliegen. Die Ärmel- und Seitennähte vom Ärmelsaum bis zum Jacken-Saum jeweils mit einer durchgehenden Naht schließen.

6 Den Saum nach links schlagen und feststecken. Dann die Umschläge an Kapuze und vorderer Kante nach links schlagen und feststecken.

7 Das flauschige Klettband mit 2,5 cm/3,5 cm Abstand zur oberen Kante des Vorderteils unter einer vorderen Kante feststecken. Dabei zeigt die flauschige Seite nach unten und das Klettband liegt dicht an der vorderen Kante. Das hakige Klettband mit der hakigen Seite nach oben zeigend im gleichen Abstand zur oberen Kante unter die andere vordere Kante stecken. Dabei liegt das Klettband 5 mm breit unter der Jacke und guckt 1 cm breit unter der Vorderkante der Jacke hervor. Die Klettbänder knappkantig von der rechten Jackenseite aus festnähen.

8 Die Umschläge an der Kapuze, an den vorderen Kanten und am Saum knappkantig festnähen, das flauschige Klettband dabei nochmal mitfassen. Die Umschläge an den Ecken von vorderer Kante und Saum jeweils mit Handstichen fixieren, damit sie nicht abstehen.

9 Jetzt die Knöpfe mittig auf die rechten Taschenseiten nähen.

10 Die Taschen entsprechend den Markierungen im Schnittmuster aufstecken, dabei die Tasche nicht flach feststecken, sondern die Seitenkanten etwas zur Taschenmitte schieben, damit die Tasche „tütet“. Die Taschen an den Seiten und am Boden knappkantig mit geraden Stichen festnähen.

Langarm-Shirt

MIT AMERIKANISCHEM AUSSCHNITT

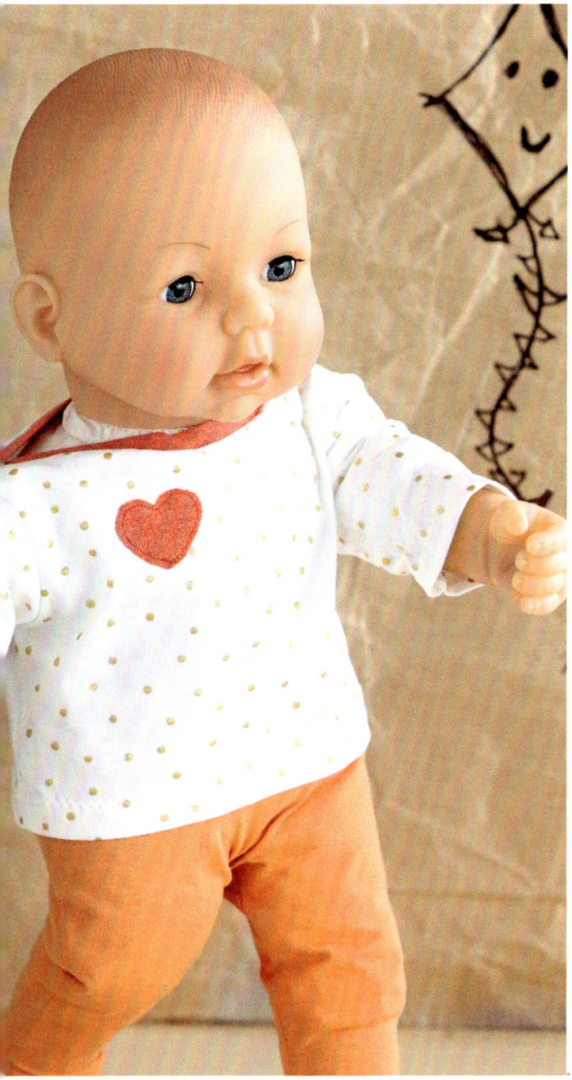

GRÖSSE

XS/S + M

Die Angaben für Größe XS stehen vor dem Schrägstrich, die Angaben nach dem Schrägstrich gelten sowohl für Größe S als auch für Größe M.

MATERIAL

- Jersey 1 für das Shirt, 15 cm x 65 cm/20 cm x 80 cm
- Jersey 2 für den Einfassstreifen, 5 cm x 30 cm/5 cm x 40 cm
- Jersey 3 für die Applikation, 5 cm x 5 cm
- Vliesofix, 5 cm x 5 cm
- farblich passendes Nähgarn

ZUSCHNITT

- Jersey 1
  1x Vorderteil im Stoffbruch
  1x Rückenteil im Stoffbruch
  1x Ärmel in doppelter Stofflage
- Jersey 2
  2 Streifen, 3,5 cm x 15 cm/3,5 cm x 20 cm

NAHTZUGABEN

Alle Teile mit 0,5-1 cm Nahtzugabe zuschneiden.

An den Ärmelsäumen und am Shirt-Saum jeweils 1 cm zugeben.

Die Maße für den Streifen beinhalten bereits 0,5 cm Nahtzugabe.

SCHNITTMUSTERBOGEN 2A

1 Die Applikation vorbereiten (siehe „So wird's gemacht") und in Brusthöhe „über dem Herzen" auf die rechte Seite des Vorderteils bügeln. Die Applikation mit kleinen geraden Stichen festnähen.

2 An Vorder- und Rückenteil zuerst den Ausschnitt mit gefalteten Bündchenstreifen einfassen (siehe „So wird's gemacht"). Dafür die Streifen der Länge nach links auf links falten und bügeln, anschließend rechts auf rechts an die Ausschnittkanten stecken, im Bereich der Innenrundungen dabei leicht dehnen. Eventuell überstehende Enden der Einfassstreifen abschneiden. Die Streifen annähen, dann die Streifen nach oben und die Nahtzugaben in das Shirt bügeln.

3 Das Rückenteil so links auf rechts auf das Vorderteil legen, dass die Schultermarkierungen aufeinandertreffen. Die Überlappungen an beiden Schultern innerhalb der Nahtzugaben mit einigen Nähmaschinenstichen fixieren.

4 Die Ärmel rechts auf rechts an die Armausschnitte stecken, dabei treffen die Schultermarkierungen der Ärmel auf die Markierungen der Armausschnitte. Die Ärmel festnähen. Jetzt das T-Shirt anprobieren und die Ärmel eventuell kürzen.

5 Die Saumzugaben an den Ärmeln nach links schlagen und bügeln, anschließend mit elastischen Stichen festnähen.

6 Die Ärmel rechts auf rechts falten sowie Vorder- und Rückenteil rechts auf rechts legen, sodass die Ärmel- und Seitenkanten aufeinanderliegen. Die Seiten- und Ärmelnähte jeweils vom Ärmelsaum bis zum Shirt-Saum mit einer durchgehenden Naht schließen.

7 Den Shirt-Saum nach links schlagen und bügeln, anschließend mit elastischen Stichen festnähen.

MEIN TIPP FÜR SIE:

Schön sieht es auch aus, wenn sich die Ärmel farblich absetzen. Dafür z. B. eine Kontrastfarbe oder einen helleren/dunkleren Ton als für das Vorder- und Rückenteil wählen.

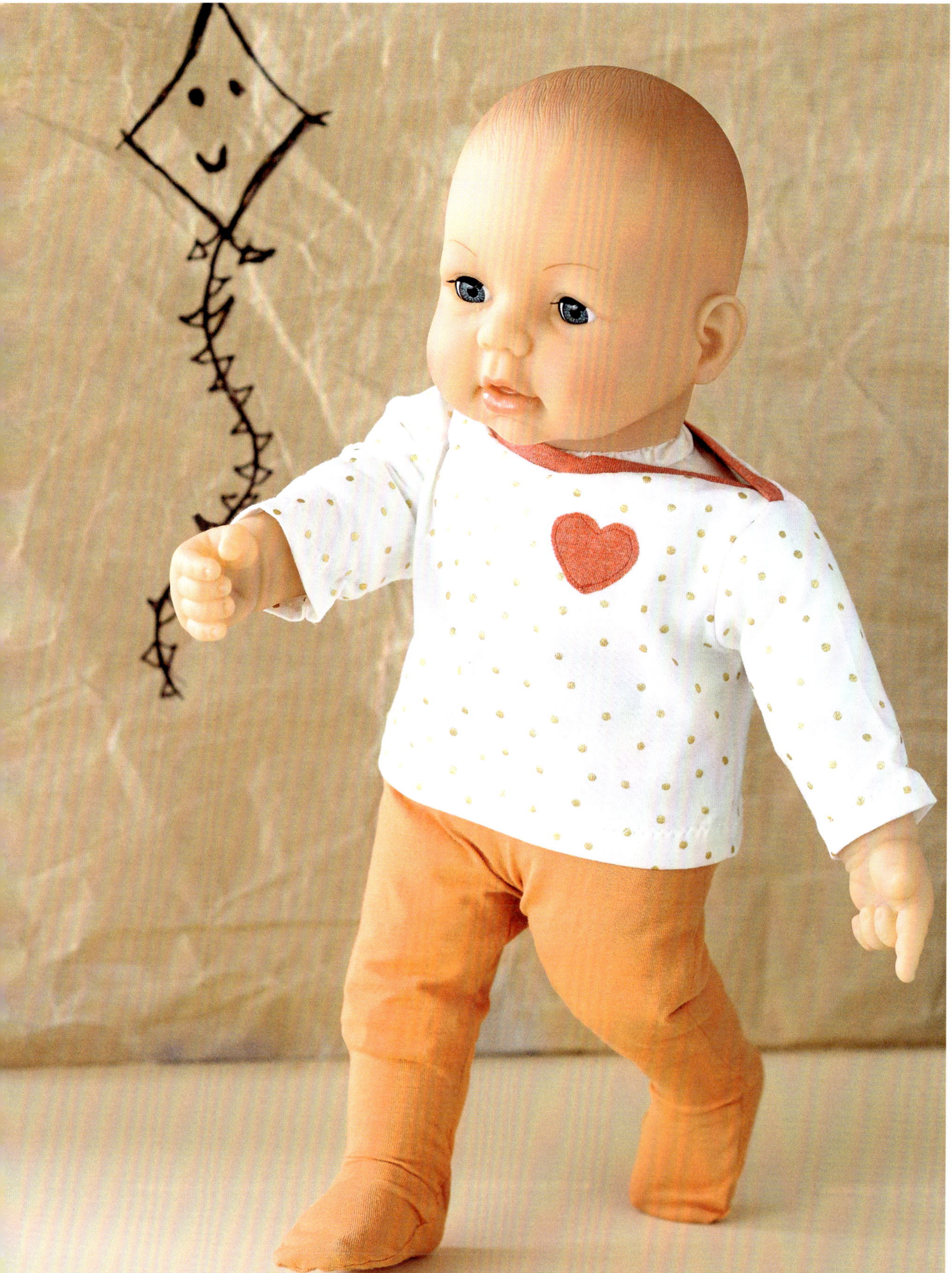

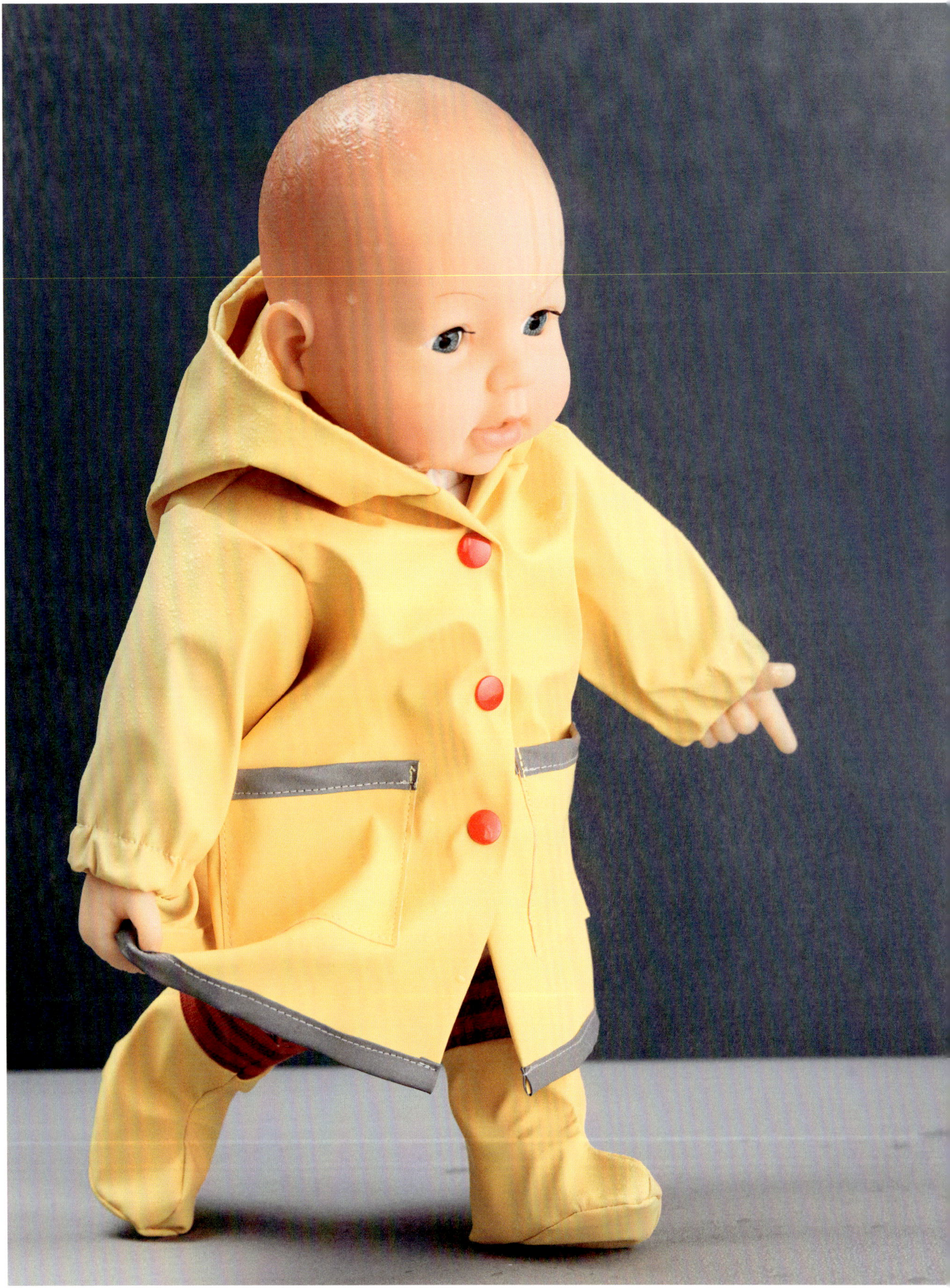

Regenmantel & Regenstiefel

PLITSCH, PLATSCH DURCH DEN REGEN

REGENMANTEL

GRÖSSE

S/M+L

Die Angaben für Größe XS stehen vor dem Schrägstrich, die Angaben nach dem Schrägstrich gelten sowohl für Größe S als auch für Größe M.

MATERIAL

› Regenjackenstoff, 140 cm x 40 cm/140 cm x 50 cm
› reflektierendes Schrägband, fertige Breite 1 cm, 60 cm/75 cm lang
› Gummilitze, 1 cm breit, 25 cm/30 cm lang
› 3 Druckknöpfe, ø 1 cm
› farblich passendes Nähgarn

ZUSCHNITT

› 1x Rückteil im Stoffbruch
› 1x Vorderteil in doppelter Stofflage
› 1x Ärmel in doppelter Stofflage
› 2x Kapuze in doppelter Stofflage
› 1x aufgesetzte Tasche in doppelter Stofflage

NAHTZUGABEN

Die Tasche rundum, sowie die unteren Kanten von Vorder- und Rückteilen ohne Nahtzugaben schneiden.
Alle übrigen Kanten mit 1 cm Nahtzugabe zuschneiden.

SCHNITTMUSTERBOGEN 2B

MEIN TIPP FÜR SIE:
Beschichtete Stoffe, wie den Regenjackenstoff, am besten nur innerhalb der Nahtzugaben mit Nadeln stecken, damit später keine unschönen Stichlöcher zu sehen sind. Alternativ können auch Klammern benutzt werden, um die Lagen zu fixieren.

1 Die oberen Taschenkanten mit dem Schrägband einfassen. Dabei das Schrägband an beiden Enden je 1 cm breit leer überstehen lassen und dann nach innen falten.

2 Die Taschen laut Schnittmarkierung links auf rechts auf die Vorderteile stecken und knappkantig feststeppen.

3 Die Vorderteile rechts auf rechts auf das Rückteil legen, mit den Schulterkanten bündig, und die Schulternähte schließen.

4 Für die Gummizüge der Ärmel die unteren Ärmelkanten einmal 1 cm breit und nochmals in Saumbreite nach links falten und den Umschlag feststeppen. Die Gummilitze halbieren und je ein Stück mit Hilfe einer Sicherheitsnadel in einen Tunnel ziehen, dabei den Stoff etwas raffen. Auf den seitlichen Nahtzugaben Stoff und Gummilitze jeweils offenkantig zusammennähen. Übrige Litzenenden abschneiden.

5 Die Ärmel mit der Armkugel rechts auf rechts in die Ärmelausschnitte einpassen und von der Ärmelseite aus festnähen.

6 Vorder- und Rückteil rechts auf rechts legen und die Ärmel jeweils in Längsrichtung rechts auf rechts falten. An beiden Seiten die Seitennaht und die Ärmelnaht durchgehend schließen.

7 Je zwei Kapuzenteile rechts auf rechts stecken und die Oberkopfnaht schließen. Eine Kapuze auf rechts wenden. Die Kapuzen rechts auf rechts stecken, mit den vorderen Kanten bündig. Die Kapuzen an den vorderen Kanten zusammennähen, anschließend links auf links wenden. Die unteren Kanten (= Halsausschnitt) aufeinanderheften.

8 Die Kapuze mit dem Halsausschnitt ab und bis Markierung der vorderen Kante rechts auf rechts an den Halsausschnitt des Mantels stecken, die angeschnittenen Belege der vorderen Kanten je rechts auf rechts auf die Kapuze umfalten. Die Kapuze und die kurzen Belegstrecken festnähen, anschließend die Kapuze hochschlagen und die Belege links auf links nach innen falten.

9 Die untere Kante des Mantels mit dem Schrägband einfassen, siehe Punkt 1.

10 Entlang der vorderen Mitte die Druckknöpfe anbringen, dabei auf die richten Seiten achten.

MEIN TIPP FÜR SIE:
Aus kuscheligem Plüsch oder einem Sweat genäht, sieht der Mantel auch für den Winter toll aus. Dann am Saum Nahtzugaben einplanen und diese als Umschläge absteppen.

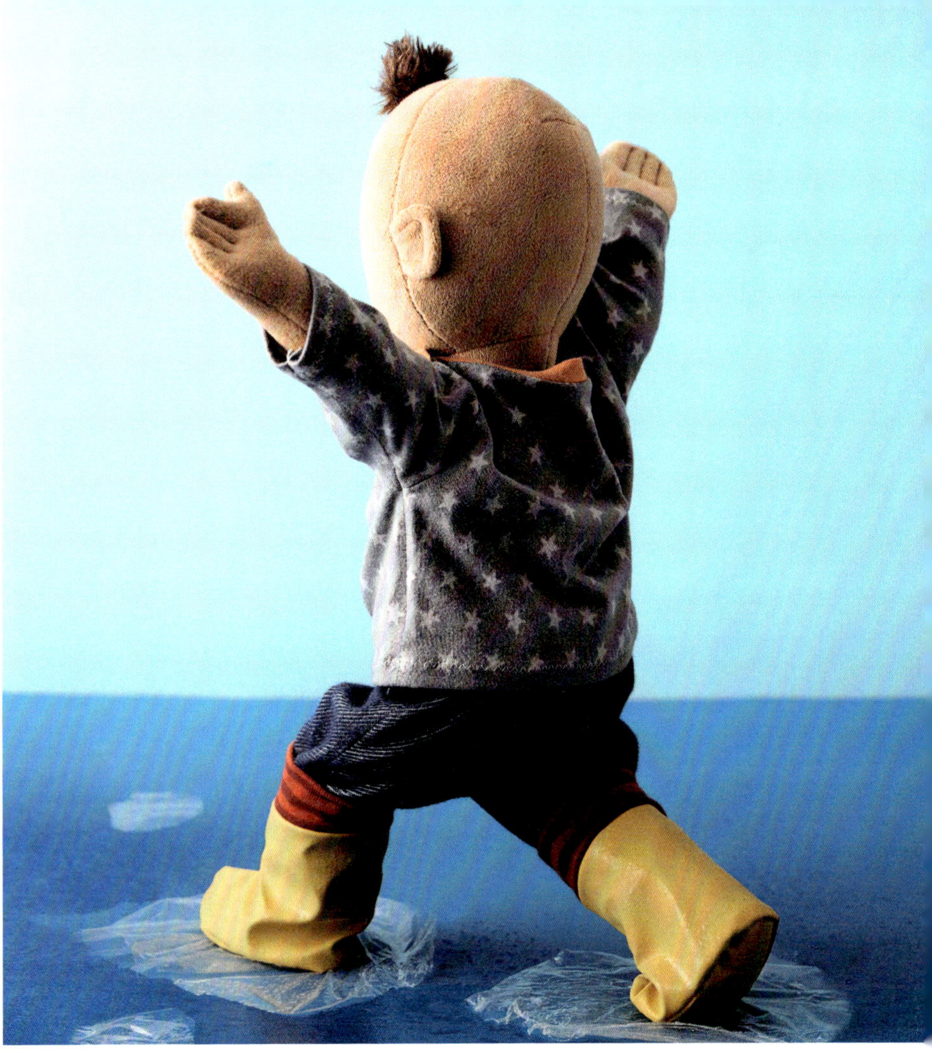

REGENSTIEFEL

GRÖSSE

S/M+L

Die Angaben für Größe S stehen vor dem Schrägstrich, die Angaben nach dem Schrägstrich gelten sowohl für Größe S als auch für Größe M.

MATERIAL

- Regenjackenstoff, 50 cm x 12 cm
- Jersey, 30 cm x 8 cm/ 35 cm x 10 cm/ 35 cm x 10 cm
- farblich passendes Nähgarn

ZUSCHNITT

- Regenjackenstoff 2x Stiefel in doppelter Stofflage 2x Sohle
- Jersey 2x 13 cm x 6 cm/ 14,5 cm x 8 cm/ 14,5 cm x 8 cm

NAHTZUGABEN

Alle Schnittteile mit 1 cm Nahtzugabe zuschneiden.

Die Maße enthalten 1 cm Nahtzugaben.

SCHNITTMUSTER-BOGEN 2B

1 Je zwei Stiefelteile rechts auf rechts legen und an den vorderen Kanten zusammennähen. Die Nahtzugaben an den Rundungen v-förmig einknipsen.

2 Die Jersey-Streifen längs mittig falten und an die oberen Kanten der zusammengesetzten Stiefelteile stecken. Die Streifen festnähen.

3 Jetzt die rückwärtigen Nähte an beiden Stiefelteilen schließen.

4 Die Sohlen rechts auf rechts an die Stiefel stecken, dabei auf die Markierungen für die vordere und rückwärtige Mitte achten. Die Sohlen von der Sohlenseite aus festnähen. Die Nahtzugaben v-förmig einknipsen und die Stiefel wenden.

MEINE TIPPS FÜR SIE: Beschichtete Stoffe, wie den Regenjackenstoff, am besten nur innerhalb der Nahtzugaben mit Nadeln stecken, damit später keine unschönen Stichlöcher zu sehen sind. Alternativ können auch Klammern benutzt werden, um die Lagen zu fixieren.
Die Stiefel lassen sich für andere Spielsituationen auch gut aus Fleece oder Plüsch nähen.

Knotenmütze

SCHNELL GENÄHT

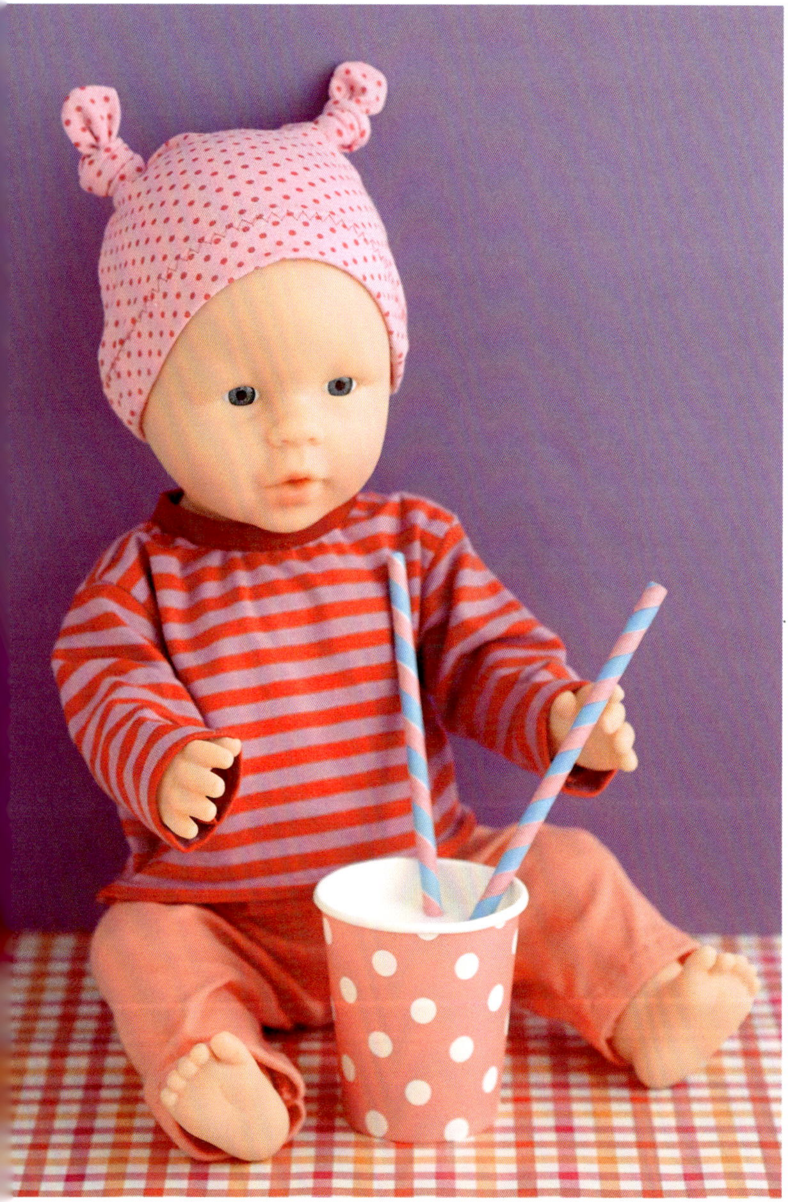

GRÖSSE
One Size

MATERIAL
- Jersey in Rosa gepunktet, 25 cm x 45 cm
- farblich passendes Nähgarn

ZUSCHNITT
- 1x Mütze in doppelter Stofflage

NAHTZUGABEN
Die Teile mit 0,5-1 cm Nahtzugabe zuschneiden.

SCHNITTMUSTERBOGEN 1A

1 Die Mützenteile rechts auf rechts legen und rundherum zusammennähen, dabei die Unterkante auslassen.

2 Die Mütze auf rechts wenden, den Saum entlang der Umbruchlinie nach links schlagen und bügeln. Den Saum festnähen.

3 Die beiden Zipfel der Mütze verknoten.

Kapuzenpulli

MIT APPLIKATION

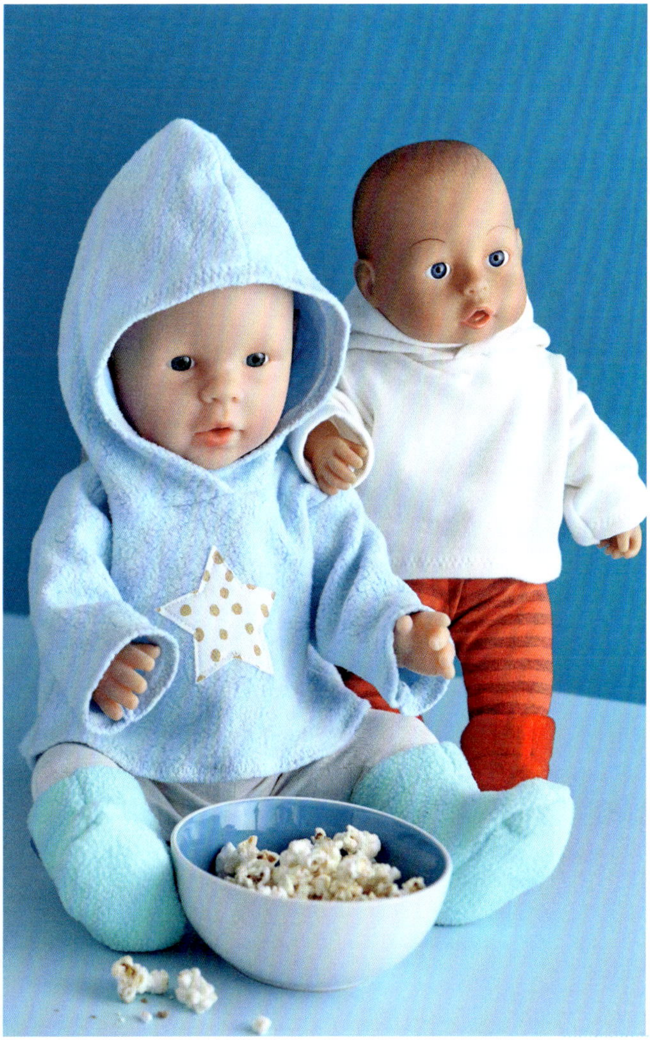

GRÖSSE

XS/S + M

Die Angaben für Größe XS stehen vor dem Schrägstrich, die Angaben nach dem Schrägstrich gelten sowohl für Größe S als auch für Größe M.

MATERIAL

› Baumwollfleece, 20 cm x 100 cm/25 cm x 120 cm
› Jersey, 10 cm x 10 cm
› Vliesofix, 10 cm x 10 cm
› farblich passendes Nähgarn

ZUSCHNITT

› Baumwollfleece
1x Vorderteil im Stoffbruch
1x Rückenteil im Stoffbruch
1x Ärmel in doppelter Stofflage
1x Kapuze in doppelter Stofflage

NAHTZUGABEN

Alle Teile mit 0,5-1 cm Nahtzugabe zuschneiden.

Am Pullisaum und den Ärmelsäumen 1 cm und an den vorderen Kanten der Kapuze 1,5 cm zugeben.

SCHNITTMUSTERBOGEN 2A

1 Die Applikation vorbereiten (siehe „So wird's gemacht") und mittig auf die rechte Seite des Vorderteils bügeln. Die Applikation mit kleinen geraden Stichen festnähen.

2 Vorder- und Rückenteil rechts auf rechts legen, sodass die Schulterkanten bündig aufeinanderliegen. Die Schulternähte schließen.

3 Die Kapuzenteile jeweils rechts auf rechts falten, sodass die Kanten der Abnäher bündig aufeinanderliegen. Die Abnäher von der unteren Kapuzenkante zur Abnäherspitze hin zusammennähen, die Naht dabei schmal auslaufen lassen, damit es keine unschönen Ecken gibt.

4 Die Kapuzenteile rechts auf rechts stecken und die hinteren Kanten zusammennähen. Anschließend die vorderen Kanten 1,5 cm breit nach links umbügeln und festnähen.

5 Die Kapuze rechts auf rechts in den Ausschnitt einpassen und feststecken, dabei überlappen sich die vorderen Kanten 1,5 cm breit. Die Kapuze festnähen.

6 Die Ärmel rechts auf rechts in die Armausschnitte stecken, sodass die Markierung am Ärmel jeweils auf die Schulternaht trifft. Die Ärmel festnähen. Jetzt den Pulli anprobieren und die Ärmel eventuell kürzen. Die Saumzugaben an den Ärmeln 1 cm breit nach links umbügeln und anschließend mit elastischen Stichen festnähen.

7 Die Ärmel sowie Vorder- und Rückenteil rechts auf rechts legen, sodass die Ärmel- und Seitenkanten aufeinanderliegen. Dann die Seiten- und Ärmelnähte mit einer durchgehenden Naht vom Ärmelsaum bis zum Pullisaum schließen.

8 Den Pullisaum 1 cm breit nach links umbügeln, anschließend mit elastischen Stichen festnähen.

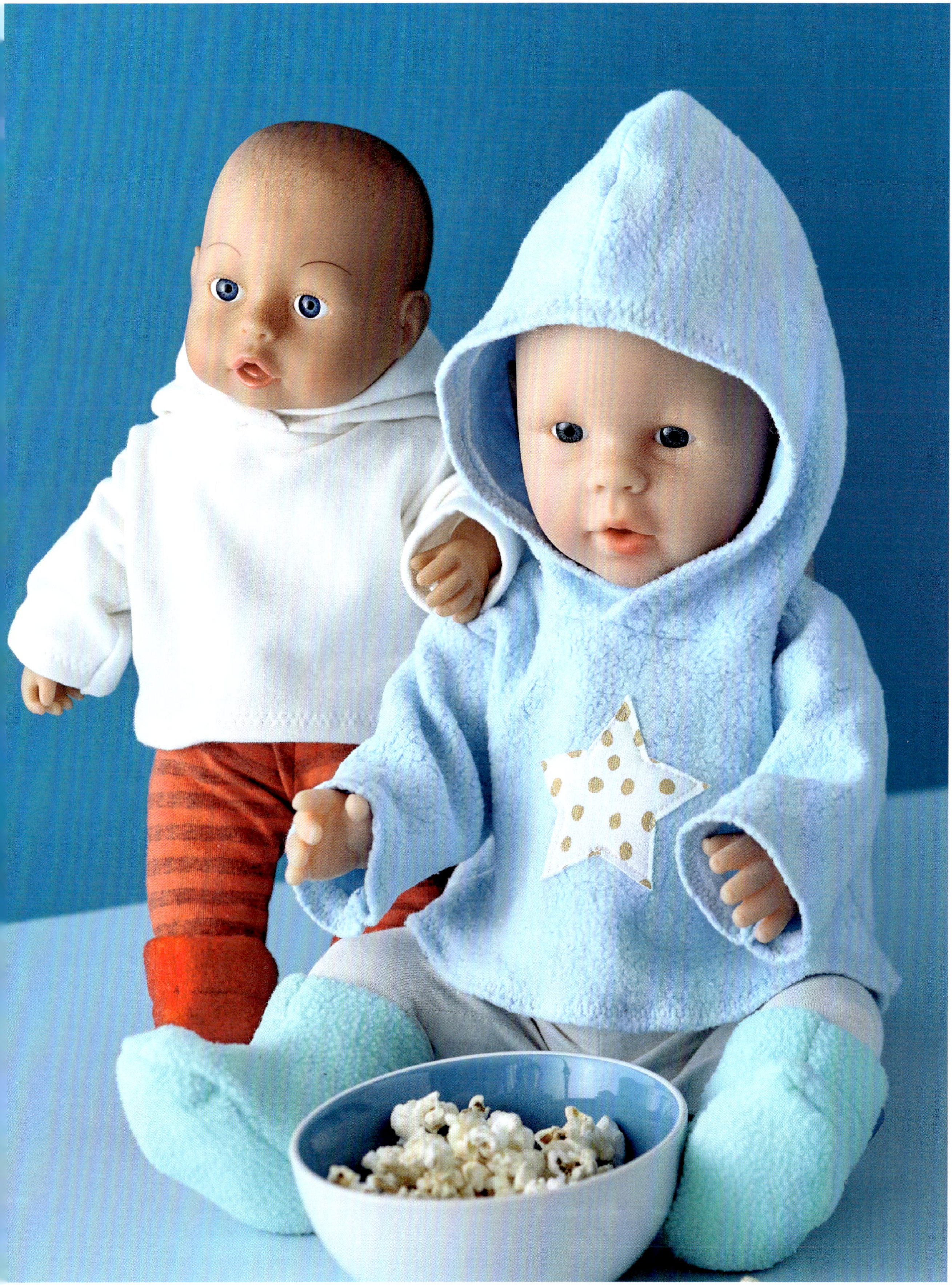

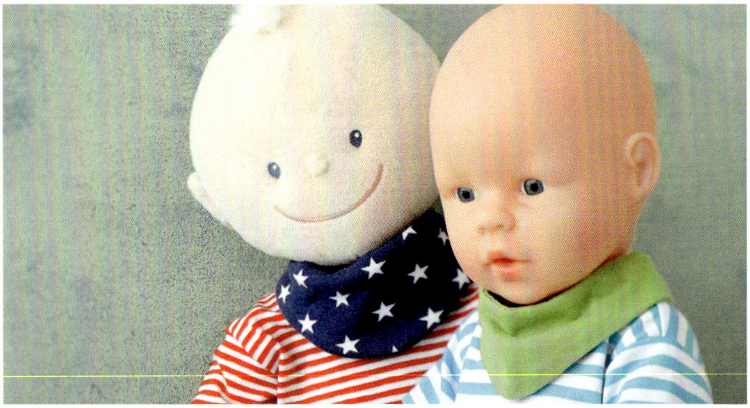
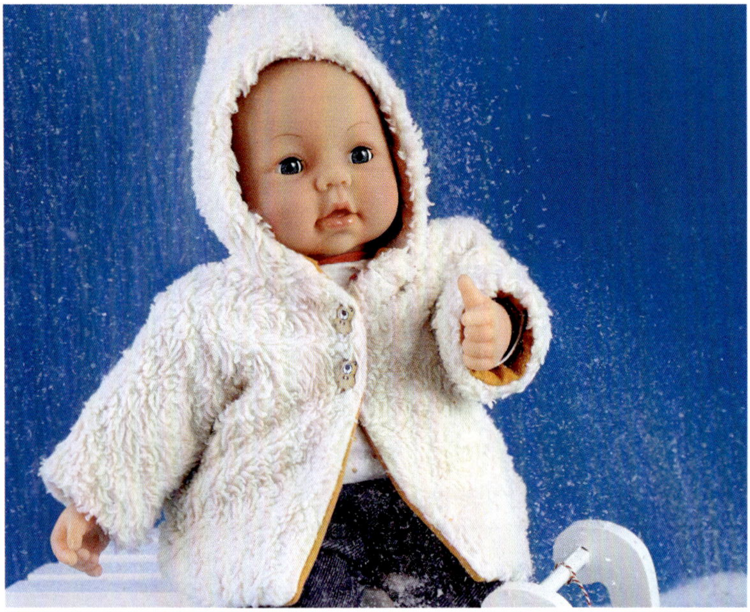
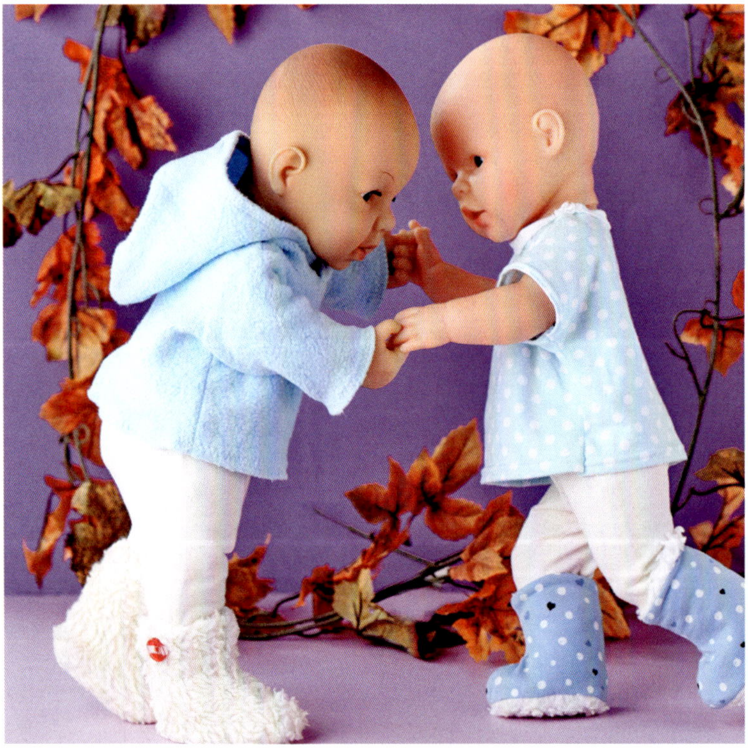
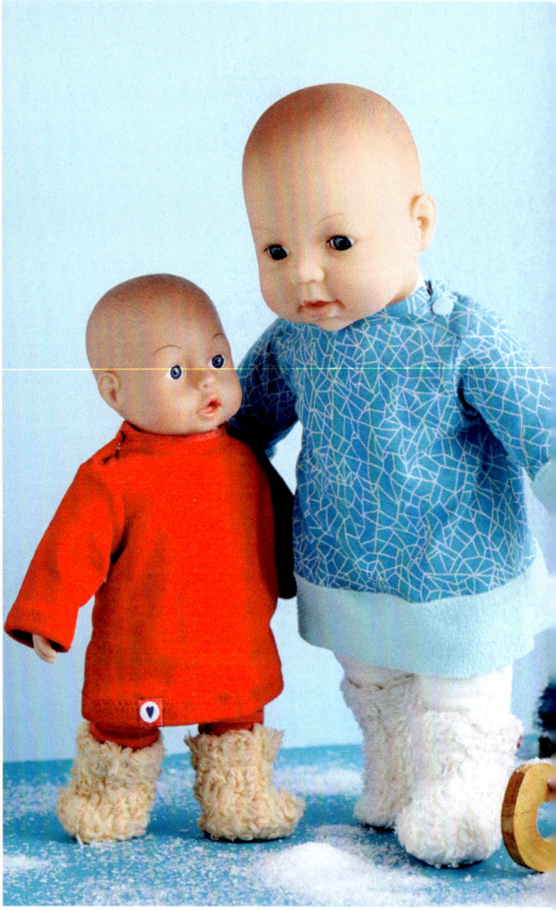
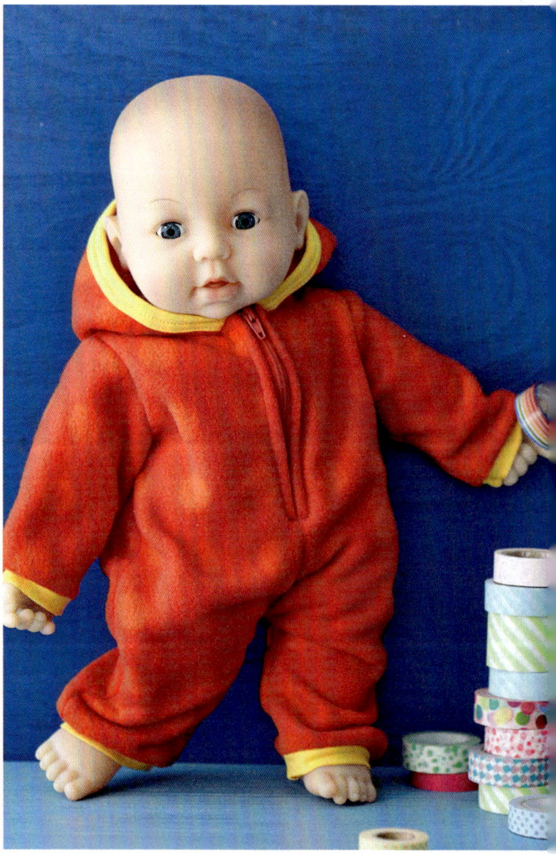

Winter

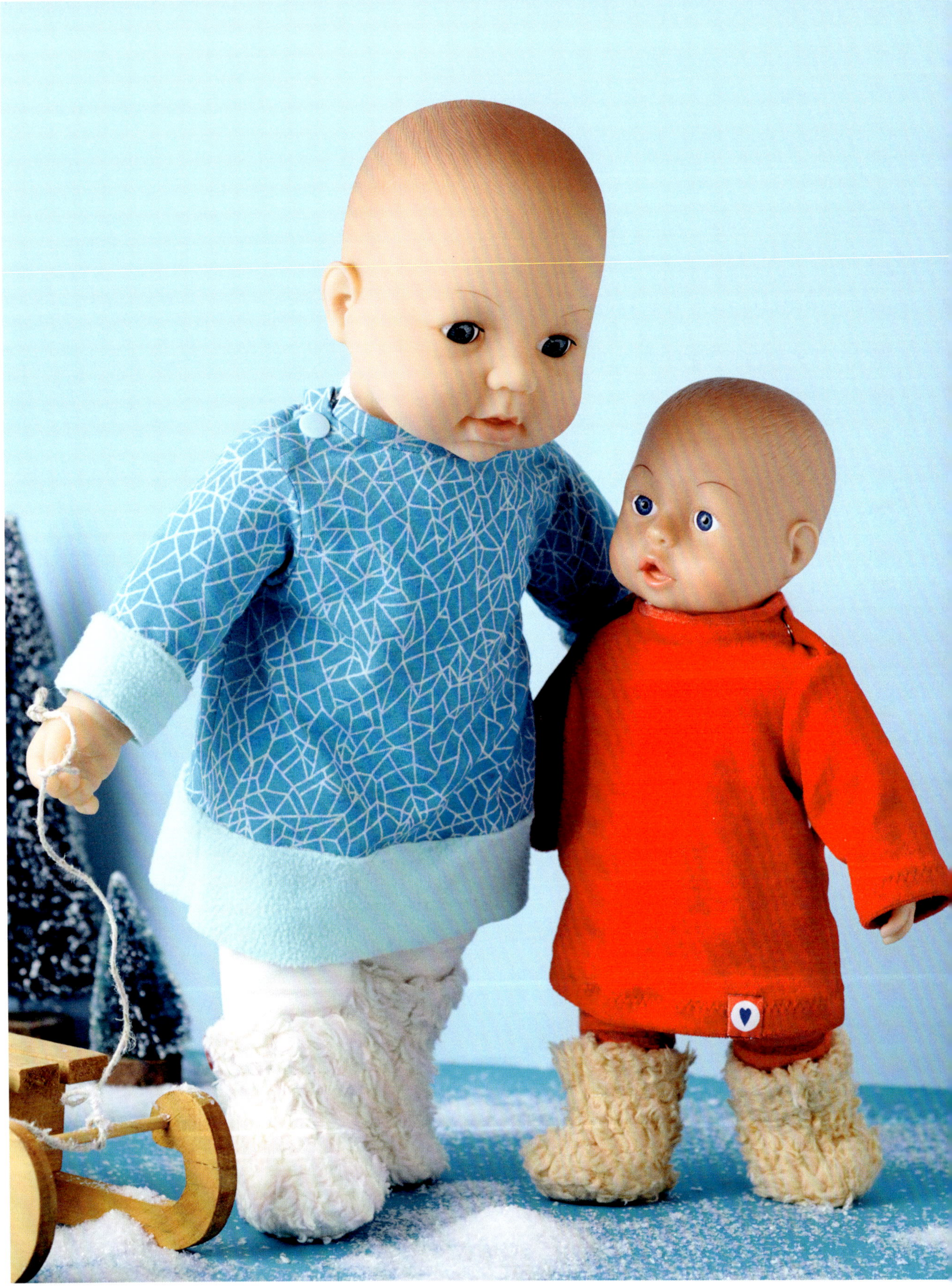

Winterkleid

CHIC IM SCHNEE UNTERWEGS

GRÖSSE

XS/S + M

Die Angaben für Größe XS stehen vor dem Schrägstrich, für Größe S + M nach dem Schrägstrich.

MATERIAL
KLEID MIT SAUMSTREIFEN

- Jersey, 25 cm x 100 cm/20 cm x 70 cm
- Fleece, 6 cm x 90 cm/5 cm x 65 cm
- Bügeleinlage, Rest
- 2 Jersey-Druckknöpfe, ø 8 mm und passendes Werkzeug
- farblich passendes Garn

KLEID AUS EINEM STOFF

- Nicki, 30 cm x 80 cm/25 cm x 55 cm
- Bügeleinlage, Rest
- 2 Jersey-Druckknöpfe, ø 8 mm und passendes Werkzeug
- farblich passendes Garn

ZUSCHNITT
KLEID MIT SAUMSTREIFEN

- Jersey
  1x Vorderteil im Stoffbruch
  1x Rückenteil im Stoffbruch
  1x Ärmel in doppelter Stofflage
  2 Bündchenstreifen, 3 cm x 15 cm/3 cm x 10 cm
- Fleece
  1x vorderen Saumstreifen im Stoffbruch
  1x rückwärtigen Saumstreifen im Stoffbruch

KLEID AUS EINEM STOFF

- 1x Vorderteil im Stoffbruch
- 1x Rückenteil im Stoffbruch
- 1x Ärmel in doppelter Stofflage
- 2 Bündchenstreifen, 3 cm x 15 cm (3 cm x 10 cm)

NAHTZUGABEN

Alle Teile mit 0,5-1 cm Nahtzugabe zuschneiden.

Am Kleidersaum und an den Ärmelsäumen 1 cm zugeben.

Für das Kleid mit Saumstreifen die untere Kante der beiden Saumstreifen aus Fleece ohne Nahtzugabe schneiden.

Die Maße für die Bündchenstreifen enthalten bereits 0,5 cm Nahtzugabe.

SCHNITTMUSTERBOGEN 1B

Kleid mit Saumstreifen

1 Auf die linke Seite der Umschläge oberhalb der Schulterlinie für den Druckknopf-Verschluss je ein Stück Bügeleinlage aufbügeln.

2 An Vorder- und Rückenteil zuerst den Ausschnitt mit gefalteten Bündchenstreifen einfassen (siehe „So wird's gemacht"). Dafür die Streifen der Länge nach links auf links falten und bügeln, anschließend leicht gedehnt rechts auf rechts an die Ausschnittkanten stecken. Die Streifen festnähen und nach außen bügeln, die Nahtzugaben in das Kleid bügeln.

3 Am Rückenteil die Umschläge an der Schulterlinie zur linken Seite schlagen und bügeln, am Vorderteil die oberen Kanten der Umschläge mit Zickzackstichen versäubern.

4 Das Rückenteil so links auf rechts auf das Vorderteil legen, dass die Bruchkanten am Rückenteil auf die Schultermarkierungen am Vorderteil treffen. Die Überlappungen der Teile an beiden Schultern innerhalb der Nahtzugaben an den Armausschnitten mit einigen Nähmaschinenstichen fixieren.

5 Die Saumstreifen für die Ärmel jeweils links auf rechts an die unteren Ärmelkanten stecken, sodass die Saumstreifen die Ärmelkanten in einfacher Nahtzugabenbreite überlappen. Die Saumstreifen mit geraden Stichen festnähen.

6 Die Ärmel rechts auf rechts in die Armausschnitte stecken, dabei treffen die Schultermarkierungen der Ärmel auf die Markierungen an den Armausschnitten. Die Ärmel festnähen.

7 Die Ärmel der Länge nach rechts auf rechts falten und Vorder- und Rückenteil ebenfalls rechts auf rechts legen, sodass die Ärmel- und Seitenkanten jeweils bündig aufeinanderliegen. Die Seiten- und Ärmelnähte mit einer durchgehenden Naht vom Ärmelsaum bis zur unteren Kleiderkante schließen.

8 Die vorderen und rückwärtigen Saumstreifen für das Kleid bündig rechts auf rechts legen und die Seitennähte schließen. Den zusammengesetzten Saumstreifen links auf rechts auf die Unterkante des Kleids stecken, sodass die Saumstreifen die Kleidkante in einfacher Nahtzugabenbreite überlappen. Den Saumstreifen mit geraden Stichen festnähen.

9 Druckknöpfe wie im Schnitt markiert anbringen, sodass sich das Kleid an den Schultern schließen lässt.

Kleid aus einem Stoff

1 Schritt 1 bis 4 wie beim Kleid mit Saumstreifen arbeiten.

2 Die Ärmelsäume nach links umbügeln und festnähen.

3 Schritte 6 und 7 wie beim Kleid mit Saumstreifen arbeiten.

4 Den Kleidersaum nach links umbügeln und festnähen.

Jumper

MOLLIG WARM FÜR DEN WINTERPAZIERGANG

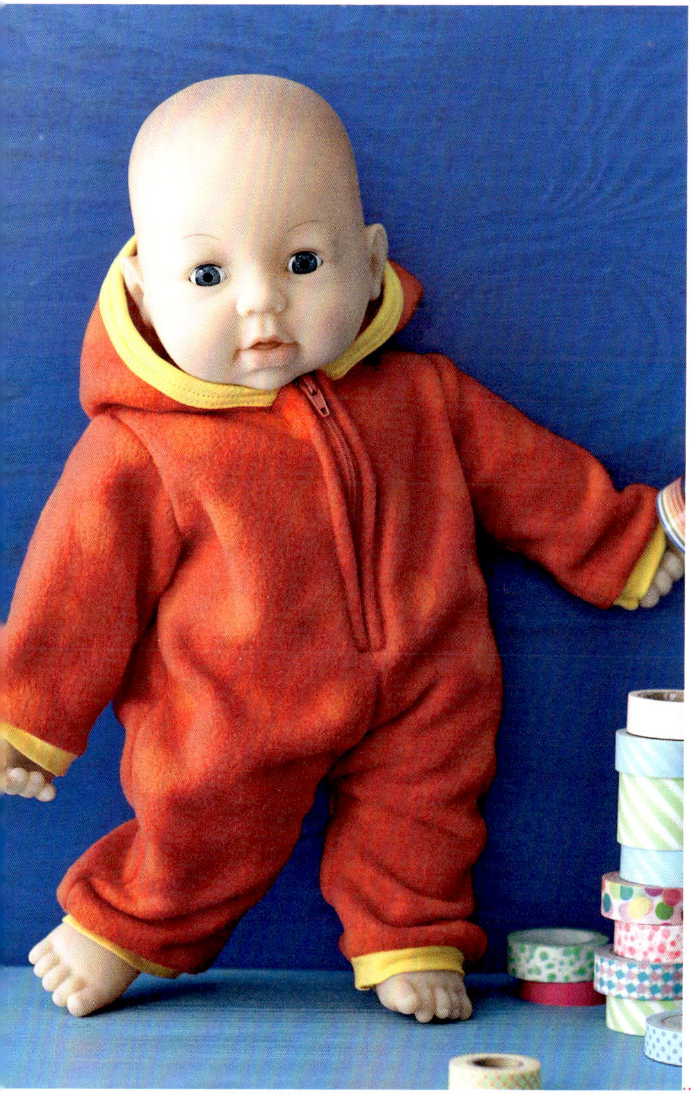

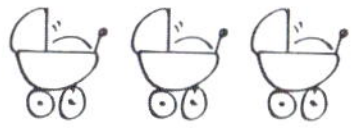

GRÖSSE

One Size

MATERIAL

- Fleece in Rot, 40 cm x 100 cm
- Jersey in Gelb, 5 cm x 120 cm
- Reißverschluss in Rot, 12 cm lang
- farblich passendes Nähgarn

ZUSCHNITT

- Fleece
  1x Vorderteil in doppelter Stofflage
  1x Rückteil im Stoffbruch
  1x Ärmel in doppelter Stofflage
  1x Kapuze in doppelter Stofflage
- Jersey
  1x Einfassstreifen, 4 cm x 40 cm für den Kapuzenausschnitt
  2x Einfassstreifen, 4 cm x 15 cm für die Ärmelsäume
  2x Einfassstreifen, 4 cm x 20 cm für die Beinsäume

NAHTZUGABEN

Alle Teile mit 0,5–1 cm Nahtzugabe zuschneiden.

An der vorderen Mitte im Bereich des Reißverschlusses mit 1 cm Nahtzugabe zuschneiden.

SCHNITTMUSTERBOGEN 1A

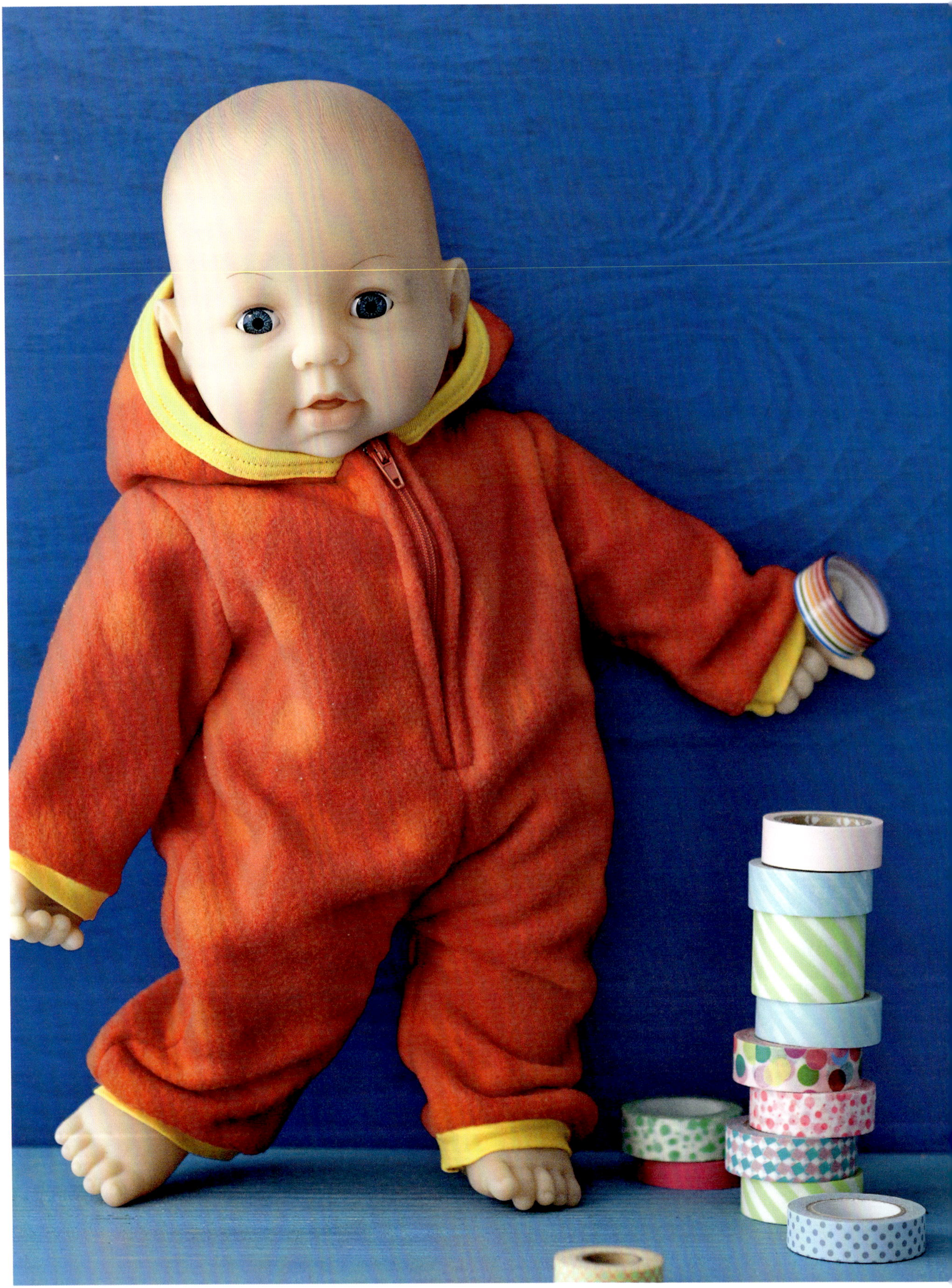

1 Zuerst die Abnäher an den Kapuzenteilen schließen. Dann die Teile rechts auf rechts stecken und die rückwärtige Kapuzennaht zusammennähen.

2 Den Kapuzenausschnitt und die Ärmelsäume mit den Jersey-Streifen einfassen, diese dabei leicht dehnen (siehe „So wird's gemacht", Kantenabschluss mit gefaltetem Bündchenstreifen).

3 Die Vorderteile rechts auf rechts auf das Rückteil stecken und an den Schulternähten zusammennähen. Anschließend die Ärmel an die Armausschnitte stecken und festnähen.

4 Die Seitennähte und die Ärmelnähte schließen.

5 Die Hosensäume mit den Jersey-Streifen einfassen, diese dabei leicht dehnen.

6 Die Vorderteile zwischen Schritt und Markierung schließen. Anschließend die innere Beinnaht zusammennähen.

7 Nähen Sie in der vorderen Mitte den Reißverschluss ein. Dafür die Nahtzugabe nach links falten und den Reißverschluss unter die Nahtzugaben schieben, sodass die Bruchkanten bündig aneinander über den Reißverschlusszacken liegen.

8 Das Reißverschlussfüßchen einsetzen und mit 5 mm Abstand zur Umbruchkante entlang einer Seite des Reißverschlusses von oben (Ausschnittkante) nach unten steppen, den Reißverschluss dabei mitfassen. Am unteren Ende quer zur anderen Seite nähen und dann wieder mit 5 mm Abstand zur Kante den Reißverschluss von unten nach oben festnähen. Die oben überstehenden Reißverschlussbänder nach links falten und mit Handstichen in den Nahtzugaben befestigen.

9 Zuletzt die Kapuze an den Halsausschnitt stecken und festnähen.

Wende-Halstuch

KANN MAN IMMER GEBRAUCHEN

GRÖSSE
One Size

MATERIAL
- Jersey 1, 12 cm x 35 cm
- Jersey 2, 12 cm x 35 cm
- Color-Snap
- farblich passendes Nähgarn

ZUSCHNITT
- Jersey 1
  1x Halstuch
- Jersey 2
  1x Halstuch

NAHTZUGABEN
Alle Teile mit 0,5–1 cm Nahtzugabe zuschneiden.

SCHNITTMUSTERBOGEN 1A

1 Die Halstuchteile rechts auf rechts aufeinanderstecken und rundherum zusammennähen. Dabei die Wendeöffnung auslassen.

2 Das Halstuch durch die Wendeöffnung auf rechts wenden. Die Nahtzugaben nach innen schieben und mit Matratzenstichen schließen oder knappkantig absteppen.

3 Die Teile des Color-Snaps an den Tuchzipfeln anbringen. Dabei darauf achten, einen von der oberen Seite und einen von der unteren Seite aus anzubringen.

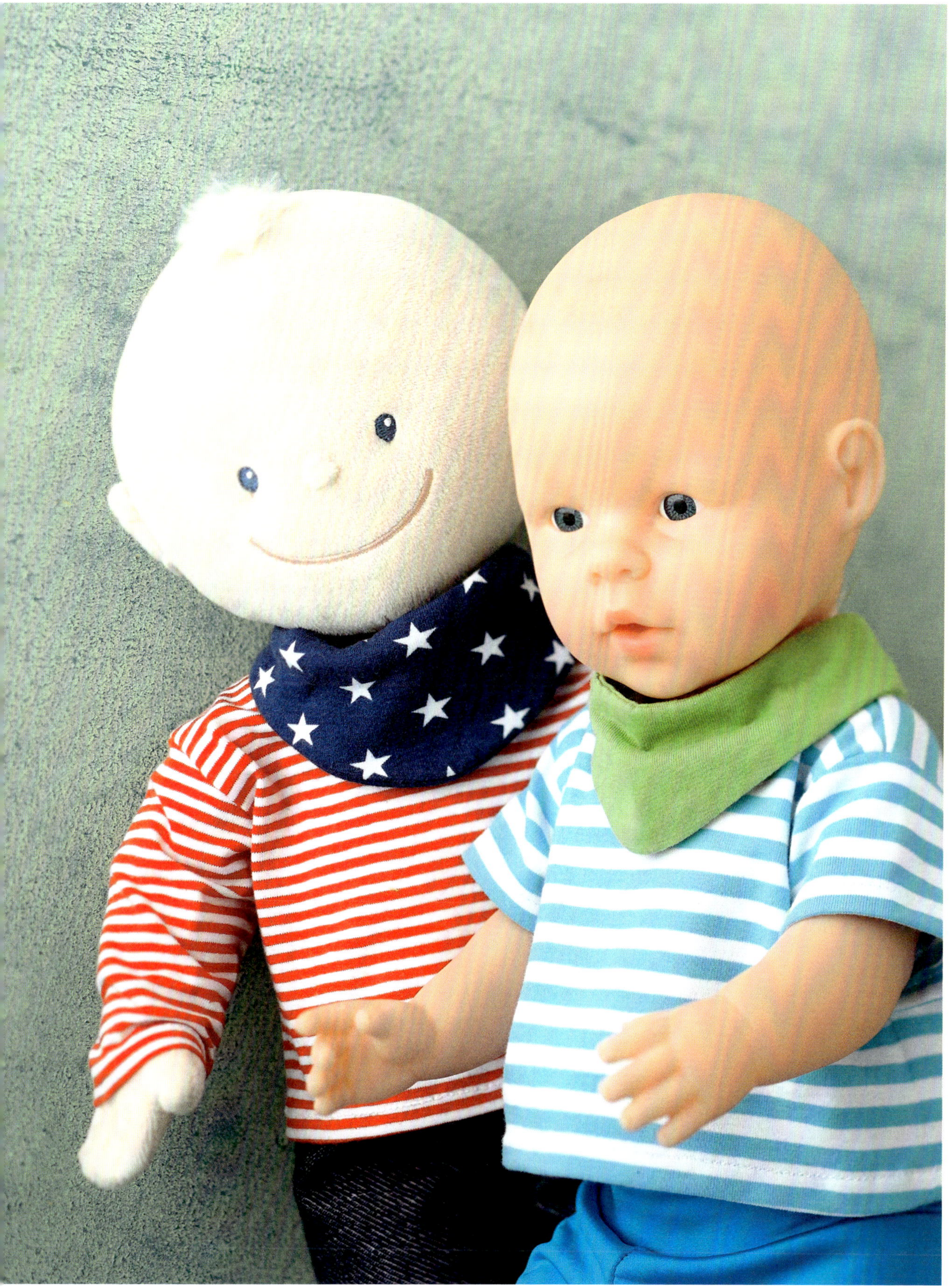

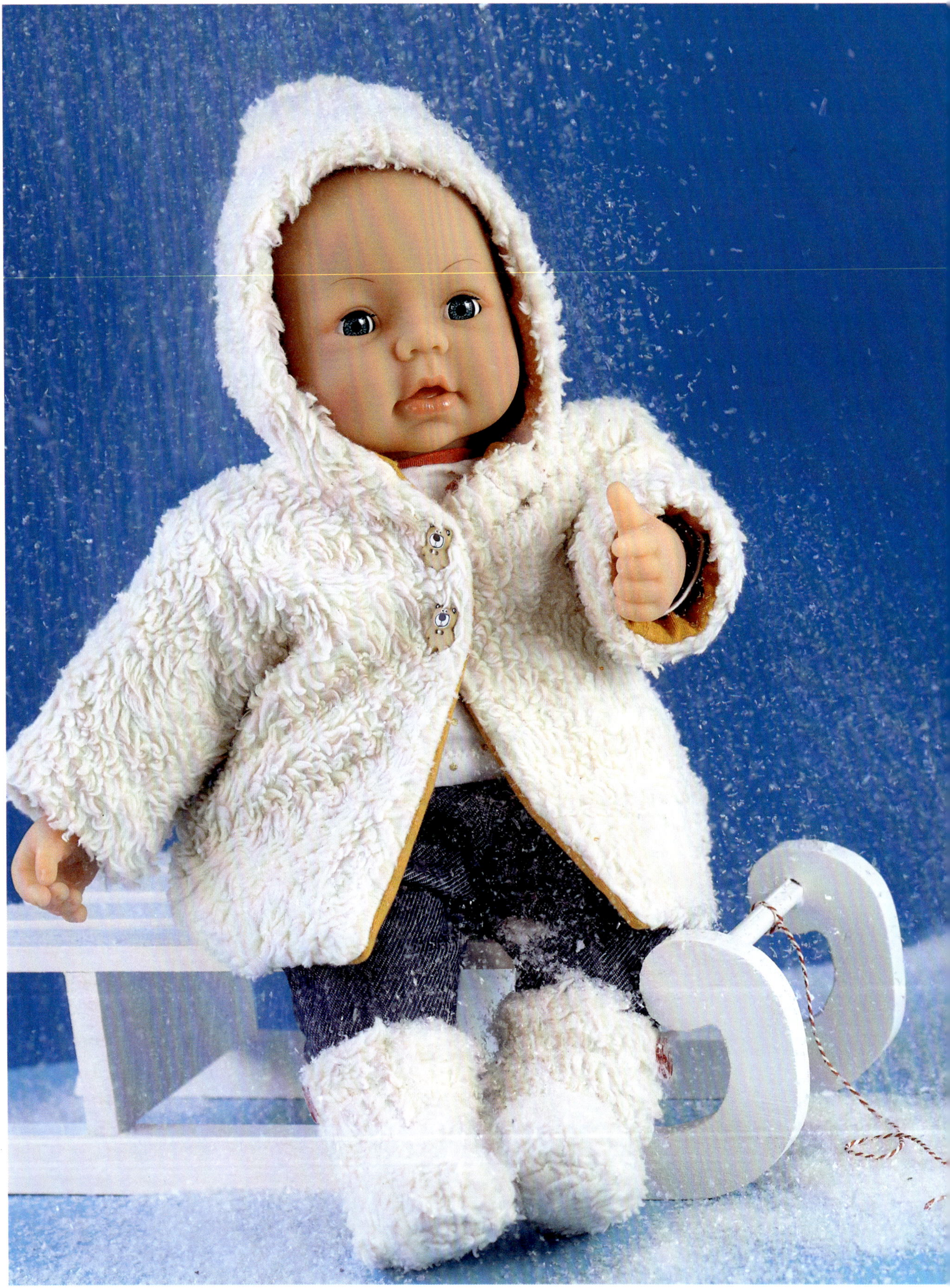

Plüschmantel

KUSCHELIGER GEHT'S NICHT!

GRÖSSE

XS/S + M

Die Angaben für Größe XS stehen vor dem Schrägstrich, die Angaben nach dem Schrägstrich gelten sowohl für Größe S als auch für Größe M.

MATERIAL

- Jersey-Plüsch, 20 cm x 120 cm/30 cm x 145 cm
- Jersey, 20 cm x 120 cm/30 cm x 145 cm
- 2 Druckknöpfe zum Annähen, ø 7 mm
- 2 dekorative Knöpfe, ø 1-2 cm
- farblich passendes Nähgarn

ZUSCHNITT

- Jersey-Plüsch
  1x Vorderteil in doppelter Stofflage
  1x Rückenteil im Stoffbruch
  1x Ärmel in doppelter Stofflage
  1x Kapuze in doppelter Stofflage
- Jersey
  1x Vorderteil in doppelter Stofflage
  1x Rückenteil im Stoffbruch
  1x Ärmel in doppelter Stofflage
  1x Kapuze in doppelter Stofflage

NAHTZUGABEN

Alle Teile mit 0,5-1 cm Nahtzugabe zuschneiden.

SCHNITTMUSTERBOGEN 2A

1 Für die Außenjacke die Plüsch-Vorderteile rechts auf rechts auf das Plüsch-Rückenteil stecken und die Schulternähte schließen.

2 Die Ärmel jeweils rechts auf rechts in die Armausschnitte einpassen, feststecken und einnähen. Jetzt den Mantel anprobieren und die Ärmel eventuell kürzen.

3 Die Ärmel der Länge nach rechts auf rechts falten und Vorder- und Rückenteil ebenfalls rechts auf rechts legen, sodass die Seiten- und Ärmelkanten jeweils bündig aufeinanderliegen. Die Ärmel- und Seitennähte jeweils mit einer durchgehenden Naht schließen.

4 Die Kapuzenteile jeweils rechts auf rechts falten, sodass die Kanten der Abnäher bündig aufeinanderliegen. Die Abnäher von der unteren Kapuzenkante zur Abnäherspitze hin zusammennähen, die Naht dabei schmal auslaufen lassen, damit es keine unschönen Ecken gibt. Die zwei Kapuzenteile rechts auf rechts stecken und die hinteren Kanten zusammennähen, die vorderen und unteren Kanten offenlassen.

5 Die Kapuze rechts auf rechts an den Halsausschnitt stecken und festnähen.

6 Das Futter aus Jersey wie die Außenjacke zusammennähen, siehe Schritt 1 bis Schritt 5.

7 Die Außenjacke auf rechts wenden und rechts auf rechts auf die Futter-Jacke legen. Die Jacken an der Knopfleiste, dem Saum und an der Kapuze bündig stecken und zusammennähen. Dabei an der rückwärtigen Saumkante eine Wendeöffnung von 6 cm auslassen. Die Jacke durch die Wendeöffnung wenden, die Nahtzugaben an der Wendeöffnung nach innen schieben und mit Matratzenstichen schließen.

8 Die Futter-Ärmel in die Jacken-Ärmel schieben. Die Nahtzugaben an den Ärmelsäumen nach links schlagen und an den Bruchkanten bündig aufeinanderstecken. Die Ärmelsäume mit Matratzenstichen zusammennähen.

9 Die Druckknöpfe entsprechend den Markierungen im Schnittmuster annähen, dabei darauf achten, jeweils ein Teil auf die Außen- und das passende Gegenstück auf die Futter-Jacke zu nähen.

10 Anschließend die dekorativen Knöpfe genau über den Druckknöpfen auf die vordere Kante der Außenjacke nähen, und zwar auf die Seite, die bei geschlossener Jacke oben liegt.

Stiefel

GUTE BODENHAFTUNG GARANTIERT

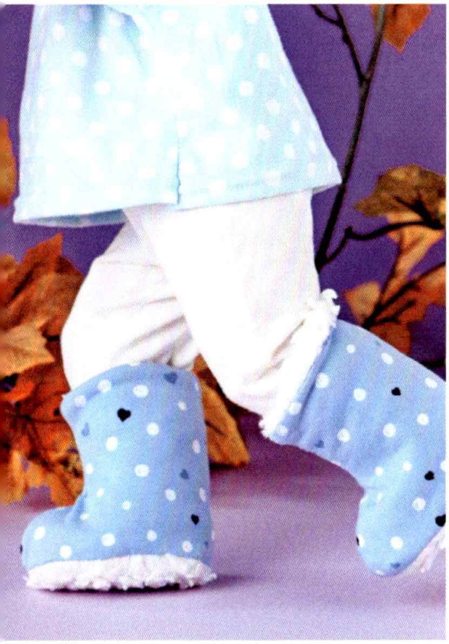

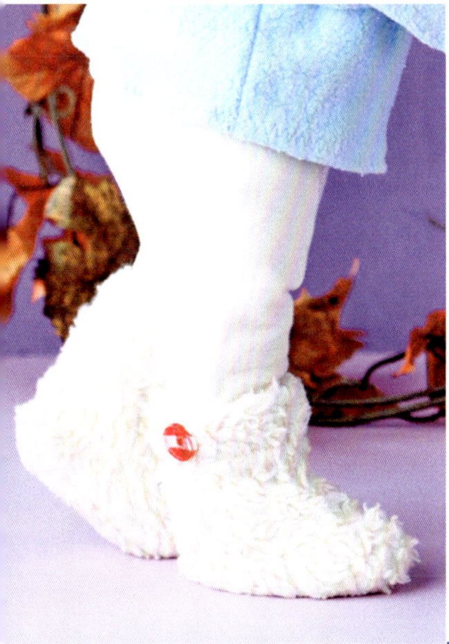

GRÖSSE

XS/S+M

Die Angaben für Größe XS stehen vor dem Schrägstrich, die Angaben nach dem Schrägstrich gelten sowohl für Größe S als auch für Größe M.

Um die passende Größe zu ermitteln, den Fuß der Puppe auf die verschiedenen Sohlenteile stellen.

MATERIAL

› Plüsch oder Fleece, 10 cm x 50 cm/15 cm x 75 cm
› Jersey für gefütterte Stiefel, 10 cm x 50 cm/15 cm x 75 cm
› 2 Knöpfe, ø 10 mm
› farblich passendes Nähgarn

ZUSCHNITT
STIEFEL OHNE FUTTER

› Das Schnittmuster mit Umschlag ausschneiden.
› Plüsch oder Fleece
2x Stiefelteil im Stoffbruch
1x Sohle in doppelter Stofflage

STIEFEL MIT FUTTER

› Das Schnittmuster ohne Umschlag (bis zur Faltlinie) ausschneiden.
› Plüsch oder Fleece
2x Stiefelteil im Stoffbruch
1x Sohle in doppelter Stofflage
› Jersey (Futter)
2x Stiefelteil im Stoffbruch
1x Sohle in doppelter Stofflage

NAHTZUGABEN

Alle Teile mit 0,5 cm Nahtzugabe zuschneiden.

SCHNITTMUSTERBOGEN 1B

Stiefel ohne Futter

1 Jeweils die Umschläge der oberen Kanten nach links falten und knappkantig festnähen.

2 Beide Stiefelteile mittig rechts auf rechts falten und die Naht in der vorderen Mitte schließen. Die obere und untere Kante offenlassen.

3 Die Stiefelteile rechts auf rechts auf die Sohlenteile stecken, dabei darauf achten, dass die vordere und rückwärtige Mitte jeweils aufeinandertreffen. Die Teile rundherum zusammennähen.

4 Jeweils einen Knopf, entsprechend den Markierungen im Schnittmuster, an einem Stiefel auf die rechte Seite und am anderen Stiefel auf die linke Seite nähen.

Stiefel mit Futter

(Größe XS)

1 Alle vier Stiefelteile mittig rechts auf rechts falten und die Naht in der vorderen Mitte schließen. Die obere und untere Kante offen lassen.

2 Die vier Stiefelteile jeweils rechts auf rechts auf die passenden Sohlenteile stecken, dabei darauf achten, dass die vordere und rückwärtige Mitte jeweils aufeinandertreffen. Die Teile rundherum zusammennähen.

3 Die Außenstiefel wenden und links auf links über die Innenstiefel schieben. Die Nahtzugabe an den oberen offenen Kanten nach innen schlagen und die Stofflagen mit Matratzenstichen zusammennähen.

Stiefel mit Futter

(Größe S/M)

1 Schritt 1 und 2 wie bei den Stiefeln mit Futter in Größe XS arbeiten. Bei Schritt 2 jedoch an den Futterstiefeln seitlich jeweils eine 3 cm Breite Wendeöffnung frei lassen.

2 Die Futterstiefel wenden und rechts auf rechts in die Außenstiefel schieben. Die oberen offenen Kanten bündig aufeinanderstecken und rundherum zusammennähen. Anschließend die Stiefel durch die Wendeöffnungen wenden. Die Nahtzugaben an den Wendeöffnungen nach innen schieben und mit Matratzenstichen schließen. Die Innenstiefel in die Außenstiefel schieben.

3 Jeweils einen Knopf entsprechend den Markierungen im Schnittmuster an einem Stiefel auf die rechte Seite und am anderen Stiefel auf die linke Seite nähen.

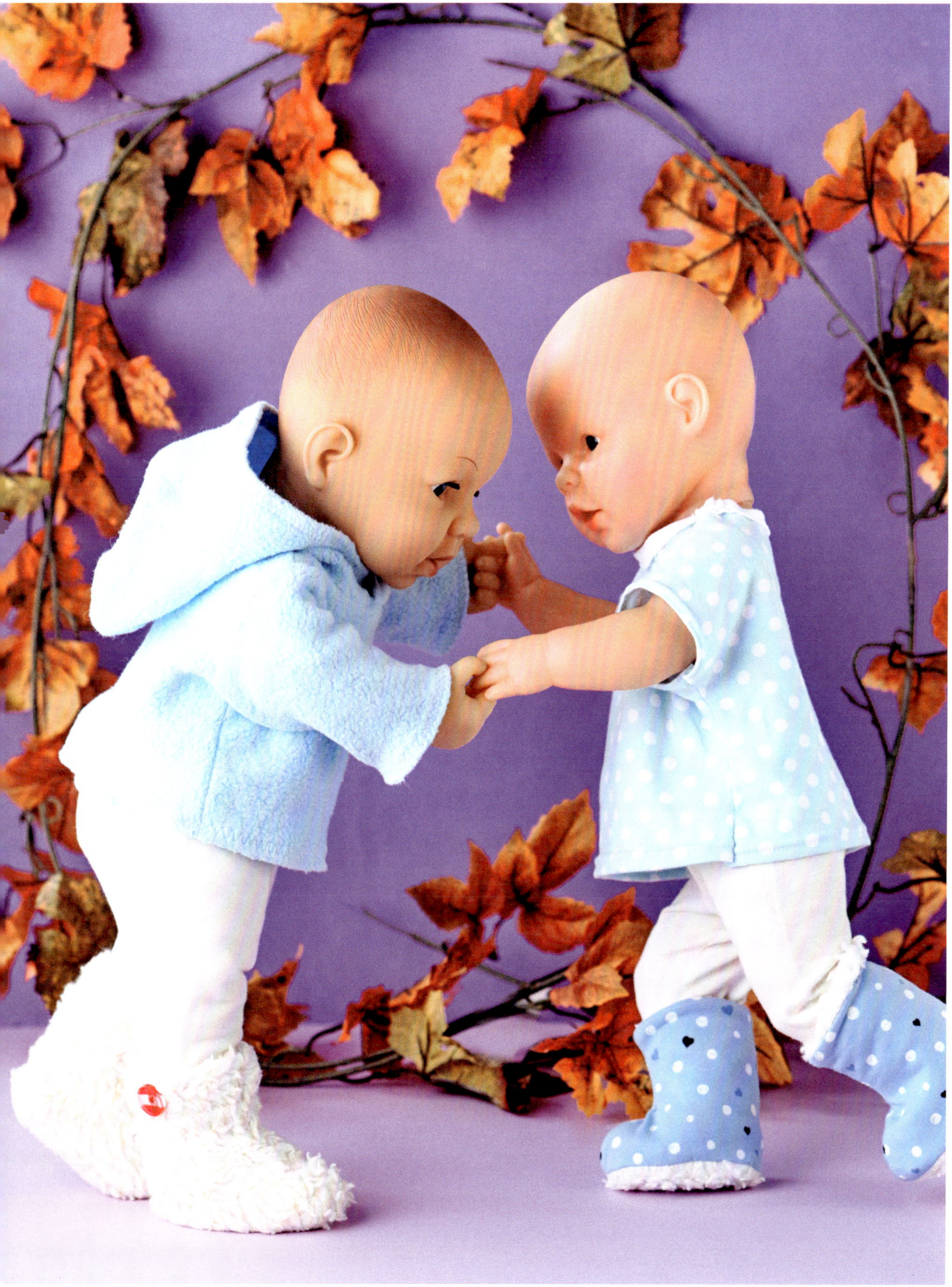

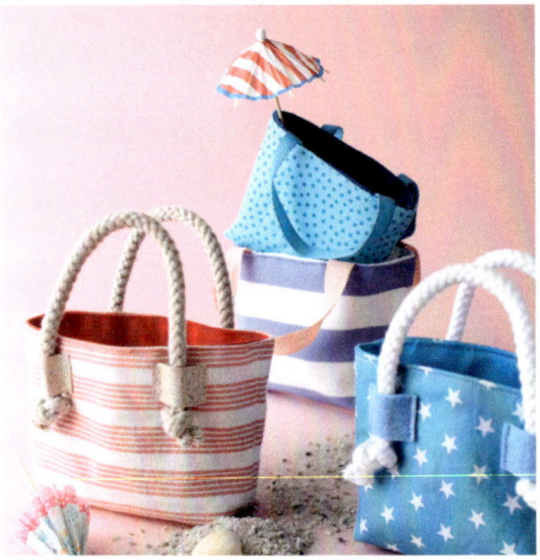
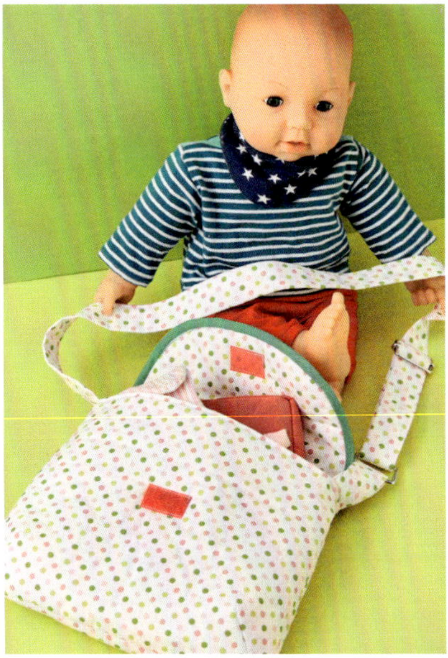
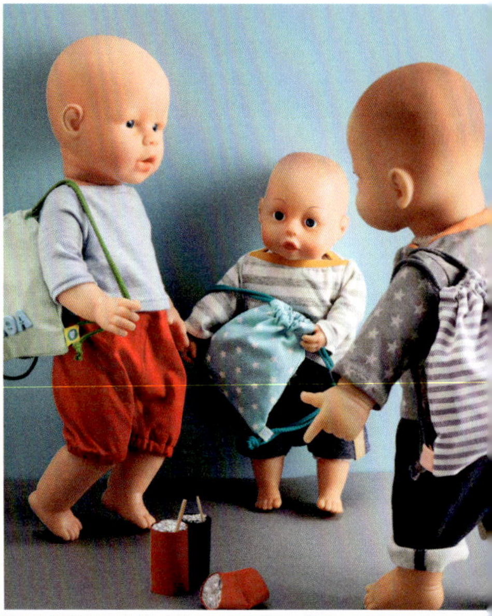
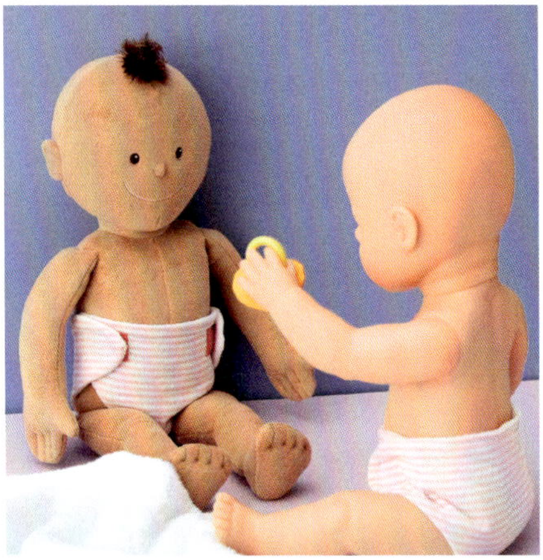
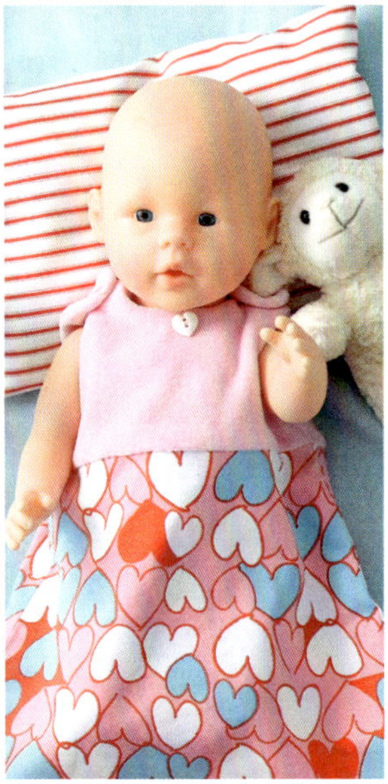
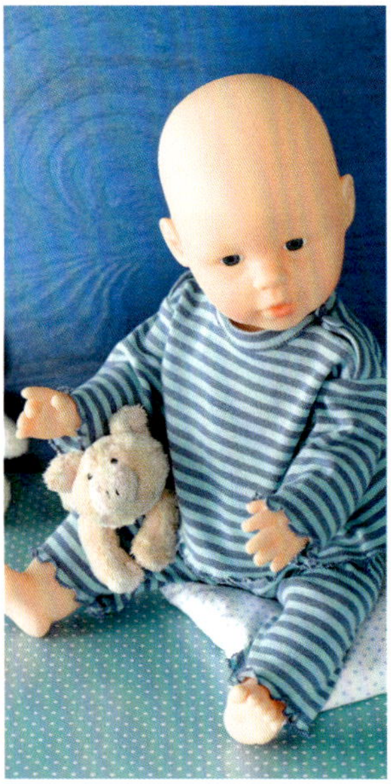
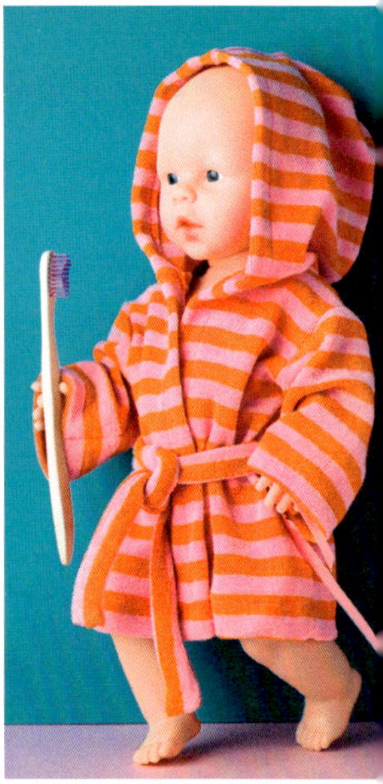
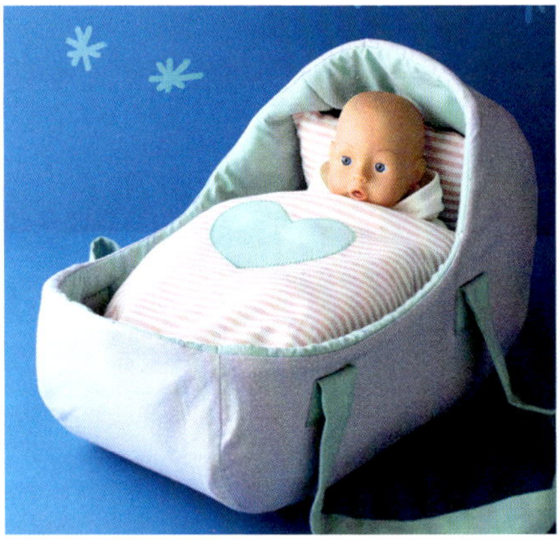
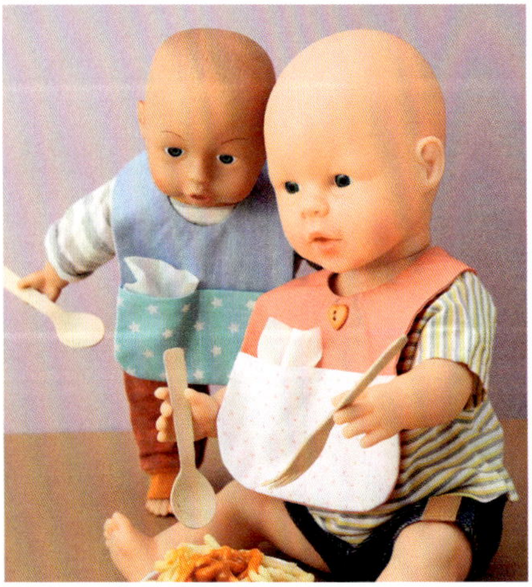
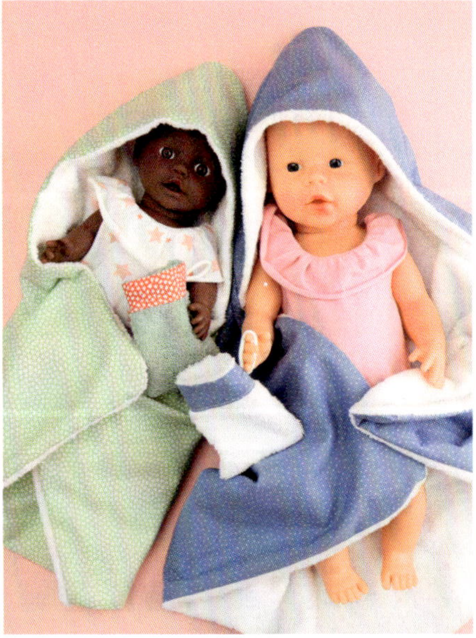
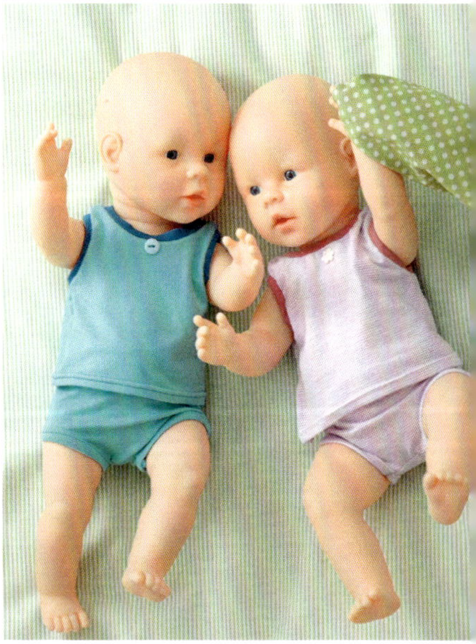

Zubehör

Windel

DIE MACHT ALLES MIT!

GRÖSSE

S/M+L

Die Angaben für Größe S stehen vor dem Schrägstrich, die Angaben nach dem Schrägstrich gelten für Größe M bzw. für Größe L.

MATERIAL

- Baumwollstoff, 25 cm x 20 cm/30 cm x 35 cm/ 30 cm x 35 cm
- dünner Molton, Fleece oder Frottee, 25 cm x 20 cm/30 cm x 35 cm/30 cm x 35 cm
- Klettband, 2 cm breit, 8 cm lang
- farblich passendes Nähgarn

ZUSCHNITT

- Baumwollstoff
  1x Windel im Stoffbruch
- Molton, Fleece oder Frottee
  1x Windel im Stoffbruch
- Klettband
  2x 4 cm Flauschband
  2x 2 cm Hakenband

NAHTZUGABEN

Am Schnittteil an allen Kanten 1 cm Nahtzugabe hinzufügen.

SCHNITTMUSTERBOGEN 2B

1 Die Windelteile rechts auf rechts aufeinanderstecken und rundum zusammennähen, dabei die Wendeöffnung an der rückwärtigen Mitte auslassen. Die Nahtzugaben an den Rundungen V-förmig einknipsen.

2 Die Windel wenden. Die Nahtzugaben der Wendeöffnung nach innen schieben und die Bruchkanten knappkantig zusammensteppen oder die Öffnung mit Matratzenstichen schließen.

3 Die Hakenbänder entsprechend der Markierung im Schnittmuster auf die Innenseite der Windel legen und festnähen, die Flauschbänder auf die Außenseite.

MEIN TIPP FÜR SIE: Windeln können auch aus Jersey genäht werden, dann am besten auch für die Innenseite einen dehnbaren Stoff verwenden, z. B. weichen Jersey-Frottee.

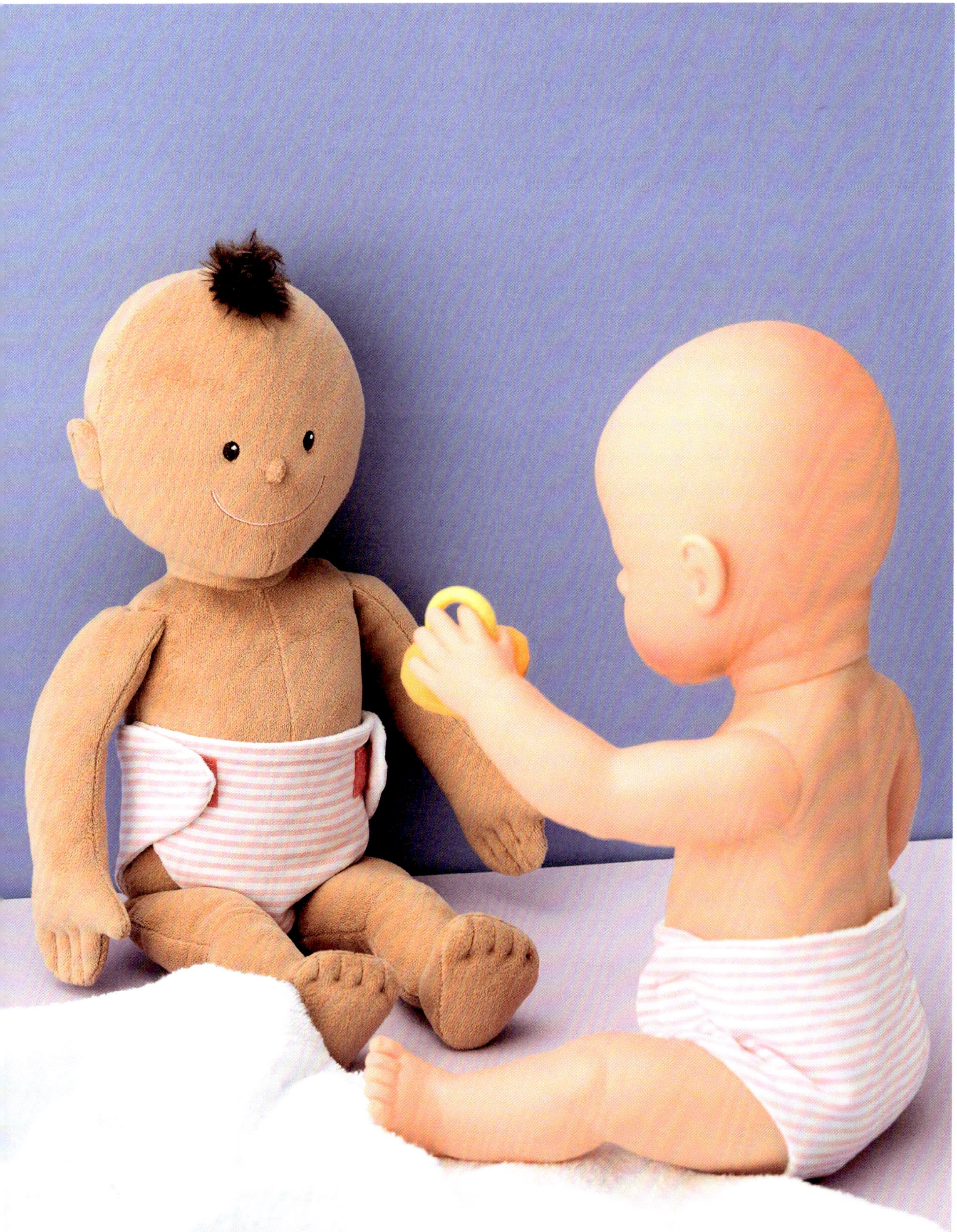

Lätzchen

KLECKERN GEHT KLAR!

GRÖSSE

S/M+L

Die Angaben für Größe S stehen vor dem Schrägstrich, die Angaben nach dem Schrägstrich gelten sowohl für Größe M als auch für Größe L.

MATERIAL

- Baumwollstoff 1 für das Lätzchen, 30 cm x 25 cm/35 cm x 30 cm
- Baumwollstoff 2 für das Täschchen, 15 cm x 10 cm/20 cm x 12 cm
- Druckknopf (siehe Tipp) oder Klettband, 1-2 cm breit, 2 cm lang
- Zierknopf (optional)
- farblich passendes Nähgarn

ZUSCHNITT

- Baumwollstoff 1
  2x Lätzchen
- Baumwollstoff 2
  1x Täschchen

NAHTZUGABEN

Die obere gerade Kante des Täschchens mit 1,5 cm Nahtzugaben schneiden, an allen weiteren Kanten der Schnittteile 1 cm Nahtzugabe zugeben.

SCHNITTMUSTERBOGEN 2A

1 Die obere gerade Kante des Täschchens erst 0,5 cm und dann 1 cm breit nach links bügeln. Den Umschlag knappkantig feststeppen.

2 Das Täschchen links auf rechts, kantenbündig mit den unteren Rändern auf ein Lätzchenteil stecken. Einmal mittig, senkrecht durchsteppen, um zwei Taschenfächer zu unterteilen.

3 Die Lätzchenteile rechts auf rechts aufeinanderstecken und rundum – bis auf die Wendeöffnung – zusammennähen. Die Nahtzugaben an den Außenrundungen einknipsen, an den Innenrundungen mehrmals V-förmig einschneiden.

4 Das Lätzchen wenden, links auf links flach legen und die Nähte im Nahtbruch bügeln. Die Nahtzugaben der Wendeöffnung nach innen schieben und die Bruchkanten knappkantig zusammensteppen oder die Öffnung mit Matratzenstichen schließen.

5 Den Druckknopf oder das Klettband laut Schnittmarkierung anbringen, dabei je ein Teil auf der Außenseite eines Trägers und das Gegenstück am zweiten Träger auf der Innenseite befestigen. Optional den Zierknopf festnähen.

MEIN TIPP FÜR SIE: Druckknöpfe gibt es zum Annähen oder zum Einstanzen. Ich empfehle kleine Metall-Druckknöpfe zum Annähen – diese können sicher befestigt werden und sind für Kinder etwas leichter zu öffnen und zu schließen.

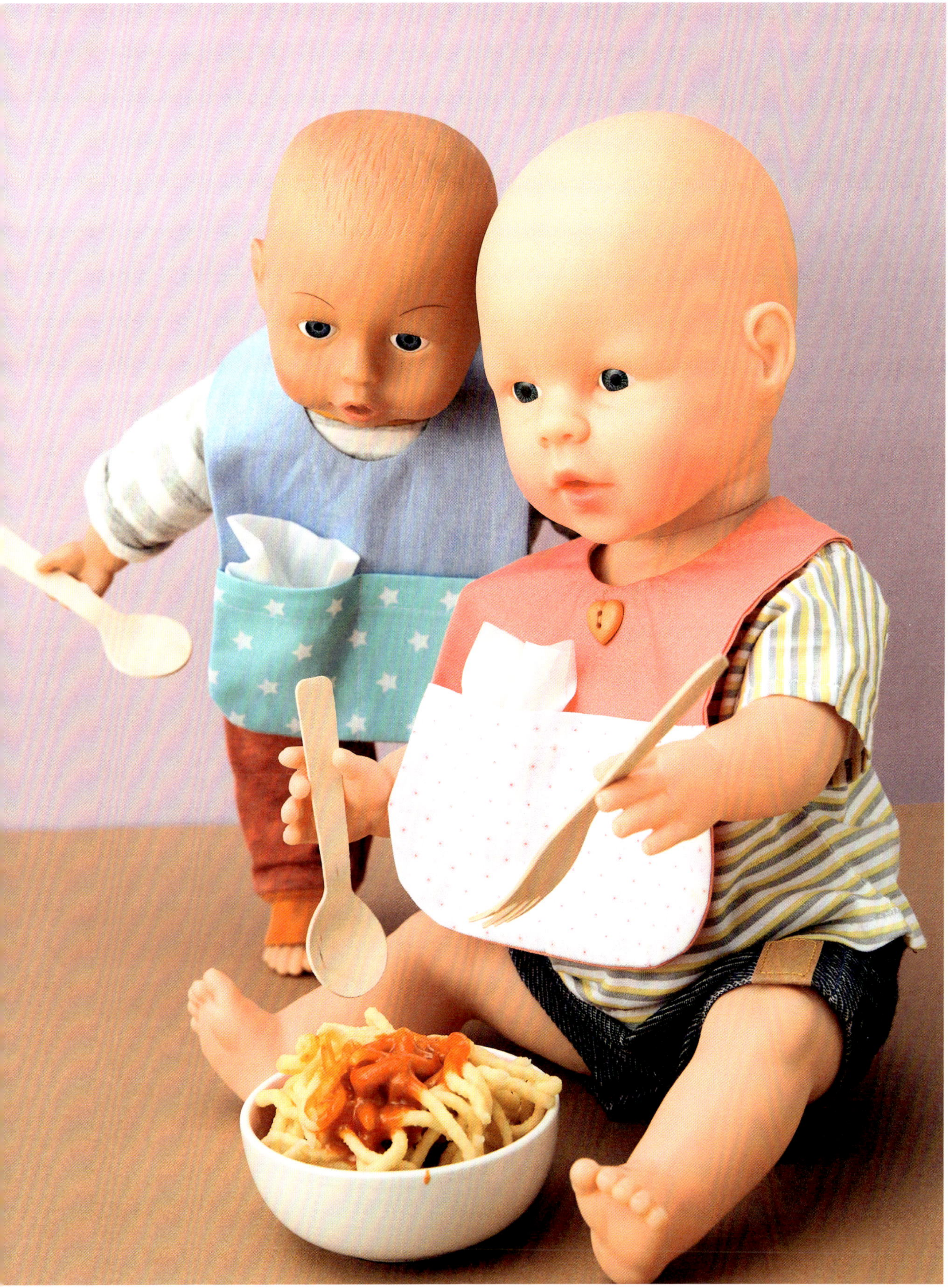

Kapuzenhandtuch

SAUBERE SACHE

GRÖSSE

S/M+L

Die Angaben für Größe S stehen vor dem Schrägstrich, die Angaben nach dem Schrägstrich gelten für Größe M bzw. für Größe L.

MATERIAL

- Frottee, 120 cm x 50 cm/120 cm x 60 cm
- Baumwollstoff, 120 cm x 50 cm/120 cm x 60 cm
- farblich passendes Nähgarn

ZUSCHNITT

- Frottee
  1x Handtuch im Stoffbruch
  1x Kapuzenteil
- Baumwollstoff
  1x Handtuch im Stoffbruch
  1x Kapuzenteil

NAHTZUGABEN

An allen Kanten 1 cm Nahtzugabe zugeben.

SCHNITTMUSTERBOGEN 2B

1 Von jedem Stoff jeweils das Kapuzenteil an einer Handtuchecke rechts auf rechts, mit den Seitenkanten bündig, feststecken. Die Kapuze an beiden seitlichen Kanten festnähen.

2 Zusammengenähte Frottee-Teile rechts auf rechts auf die Baumwollstoff-Teile stecken, an allen Kanten bündig. Die Teile – bis auf eine Wendeöffnung von 12 cm an einer seitlichen Kante – rundum zusammennähen. Die Nahtzugaben an den Rundungen V-förmig einknipsen. Das Handtuch durch die Öffnung wenden und die Nähte glatt ausstreichen.

3 Die Nahtzugaben der Wendeöffnung nach innen falten und die Bruchkanten knappkantig zusammensteppen oder die Öffnung mit Matratzenstichen schließen.

4 Optional das Handtuch rundum mit 1,5-2 cm Abstand zur Kante absteppen.

MEIN TIPP FÜR SIE: Aus den Stoffresten lassen sich ganz einfach passende Waschlappen nähen.

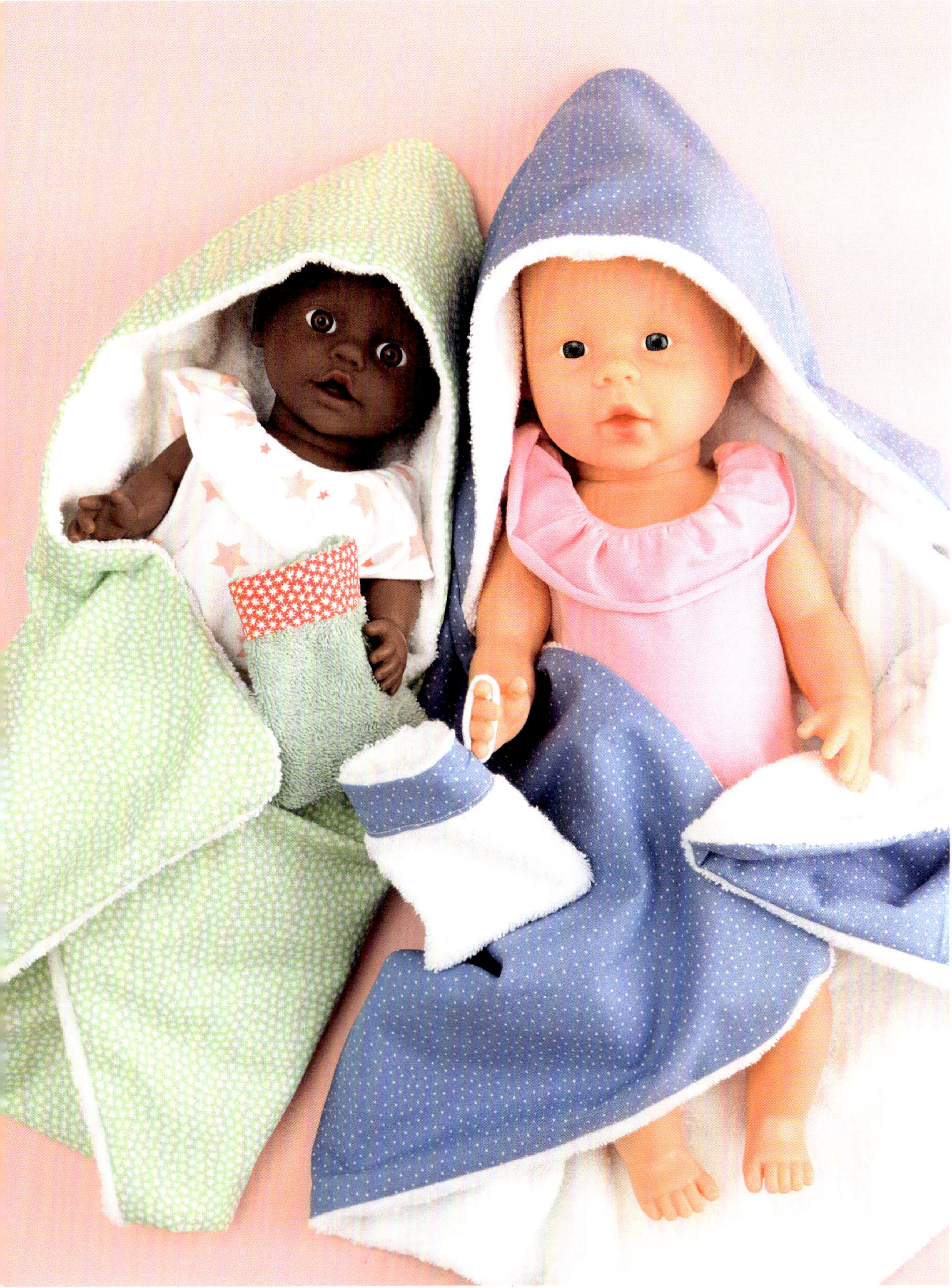

Schlafanzug

GEMÜTLICH UND KUSCHELIG

GRÖSSE
Oberteil: One Size
Hose: S/M

MATERIAL
- Jersey in Türkis-Blau gestreift, 28 cm x 140 cm
- 2 Color-Snaps in Türkis
- Gummilitze, 5 mm breit, 40 cm lang
- farblich passendes Nähgarn

ZUSCHNITT
OBERTEIL
- 1x Hosenteil in doppelter Stofflage
  1x Ärmel in doppelter Stofflage
- 2 Streifen, 4 cm x 12 cm

HOSE
- 1x Hosenteil in doppelter Stofflage

NAHTZUGABEN
Alle Teile mit 0,5–1 cm Nahtzugabe zuschneiden. Alle Säume ohne Nahtzugaben schneiden.

SCHNITTMUSTERBOGEN 1A

1 Die Ärmel- und Hosenbeinsäume mit kleinen Zickzackstichen (4 mm breit, 1 mm lang) versäubern, dabei den Stoff etwas dehnen, sodass er sich nach dem Nähen kringelt.

2 Für das T-Shirt die Umschläge für die Schulter-Knopfleisten zur linken Seite umbügeln. Die Umschläge der Knopfleisten bündig übereinanderlegen, dabei liegt das rückwärtige Teil oben. Die Teile mit Stecknadeln fixieren.

3 Die Ärmel mit der Armkugel in die Armausschnitte stecken und annähen. Vorder- und Rückenteil rechts auf rechts legen und an den Seitenkanten bündig stecken. Die Ärmelkanten und die Seitennähte in einem Zug schließen.

4 Die Halsausschnitte mit den Streifen einfassen, dabei die Enden jeweils 1 cm breit nach innen schlagen. Die Einfassung absteppen (mit Geradstich, Zickzackstich oder Zierstich). Anschließend die Color-Snaps in der Knopfleiste befestigen.

5 Die Hose wie die Leggins auf Seite 20 arbeiten. Dabei Schritt 1 auslassen.

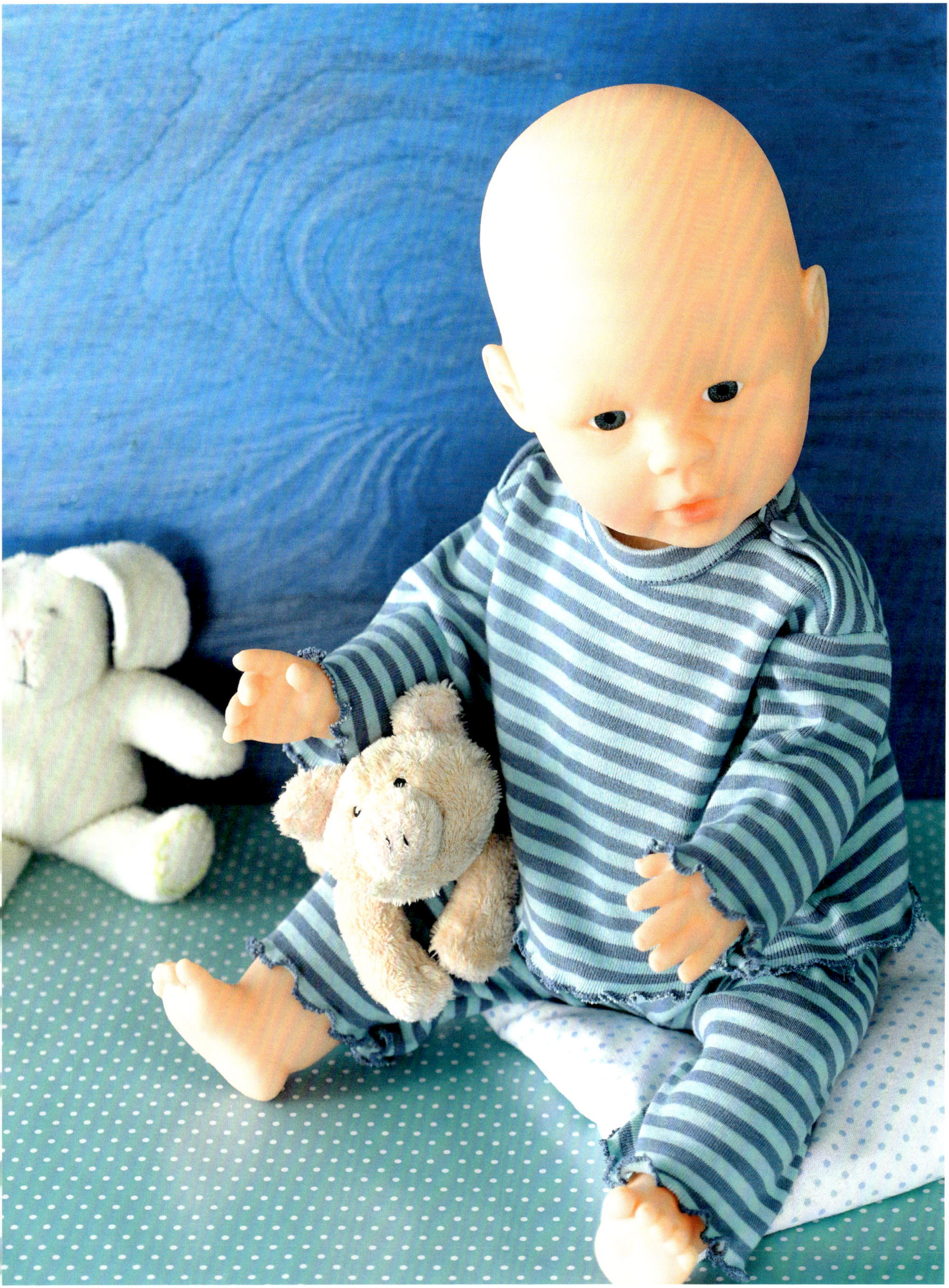

Unterwäsche-Set

AUCH DRUNTER PERFEKT ANGEZOGEN

GRÖSSE

Unterhemd: One Size
Unterhose: S/M

MATERIAL
UNTERHEMD

- Jersey 1, 20 cm x 45 cm
- Jersey 2 (Einfassstreifen), 5 cm x 70 cm
- Knopf, ø 1,2 cm (optional)
- farblich passendes Nähgarn

UNTERHOSE

- Jersey 1, 20 cm x 45 cm
- Gummilitze, 5 mm breit, 40 cm lang
- farblich passendes Nähgarn

ZUSCHNITT
UNTERHEMD

- Jersey 1
  1x Vorderteil im Stoffbruch
  1x Rückenteil im Stoffbruch
- Jersey 2
  Streifen, 3 cm x 30 cm und 2 Streifen,
  3 cm x 35 cm

UNTERHOSE

- 2x Unterhose
- 2 Einfassstreifen, 3 cm x 20 cm

NAHTZUGABEN

Alle Teile mit 0,5–1 cm Nahtzugaben zuschneiden. An den Säumen des Unterhemds 1 cm Nahtzugabe zugeben. Die obere Kante der Hose mit 1 cm Nahtzugabe versehen, die Beinausschnitte ohne Nahtzugaben zuschneiden.

SCHNITTMUSTERBOGEN 1A

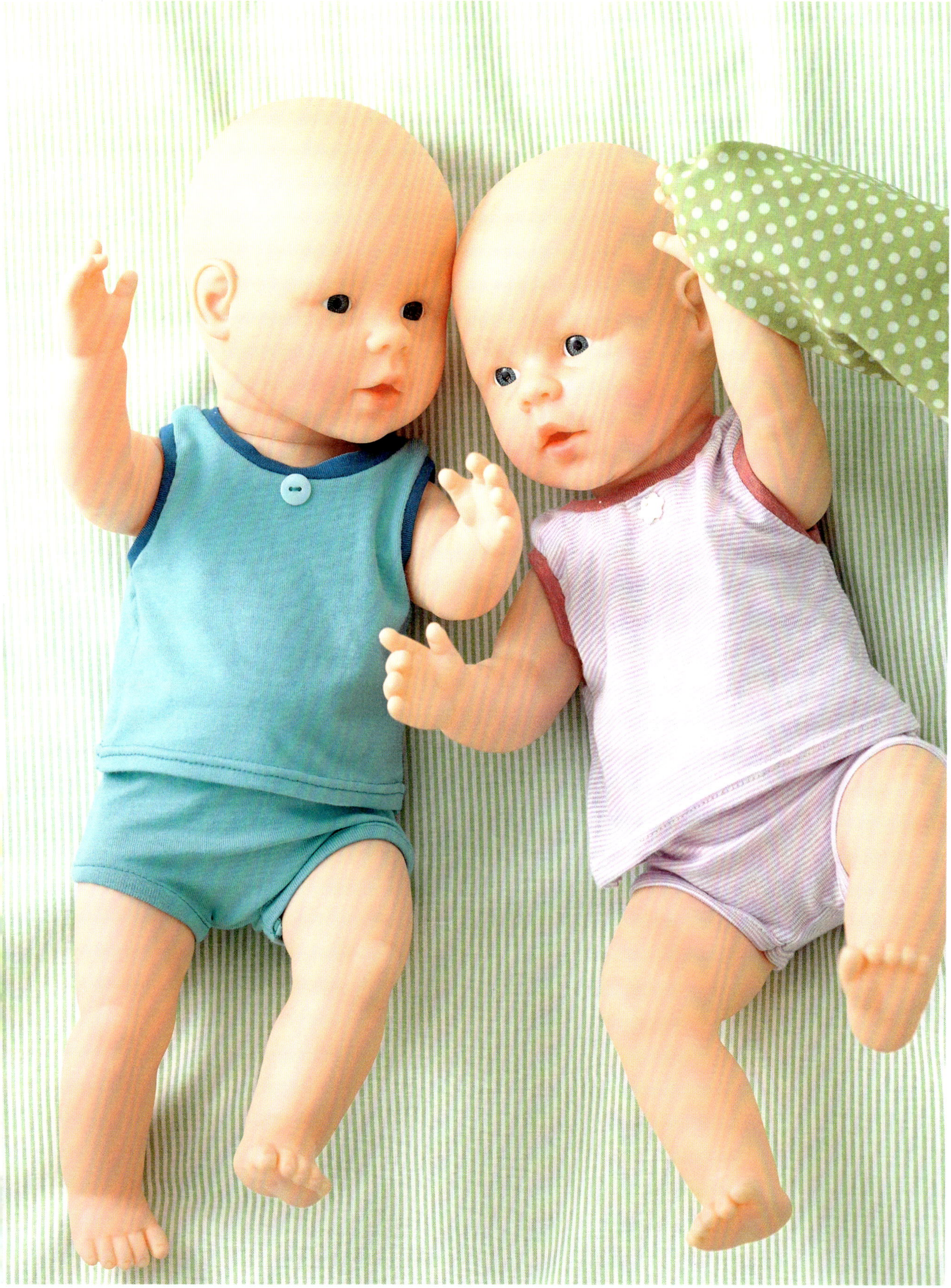

Unterhemd

1 Den Saum 1 cm breit nach links bügeln und festnähen.

2 Vorder- und Rückenteil rechts auf rechts legen und beide Schulternähte schließen.

3 Die Einfassstreifen längs links auf links bügeln und den Halsausschnitt und die Armausschnitte mit den Streifen einfassen (siehe „So wird's gemacht", Kantenabschluss mit gefaltetem Bündchenstreifen).

4 Vorder- und Rückenteil rechts auf rechts legen und die Seitennähte schließen.

5 Je nach Geschmack vorne am Halsausschnitt mit Handstichen einen kleinen Kopf annähen.

Unterhose

1 Die beiden Unterhosenteile rechts auf rechts aufeinanderlegen und eine Seitennaht zusammennähen. Die obere Kante 1 cm nach links schlagen, die Gummilitze unter den Umschlag in den Stoffbruch schieben. Den Umschlag füßchenbreit festnähen, knapp neben der zwischengeschobenen Gummilitze. Die Litze an beiden Enden etwas anziehen und mit wenigen Stichen an den offenen Seitennähten fixieren.

2 Die andere Seitennaht ebenfalls zusammennähen.

3 Die Beinausschnitte mit den Einfassstreifen einfassen.

4 Zuletzt die Schrittnaht schließen.

MEIN TIPP FÜR SIE:

Nach dem Nähen die Nahtzugaben auf 3–5 mm zurückschneiden, damit die Nähte nicht so stark auftragen.

Bademantel

FÜR KLEINE WASSERRATTEN

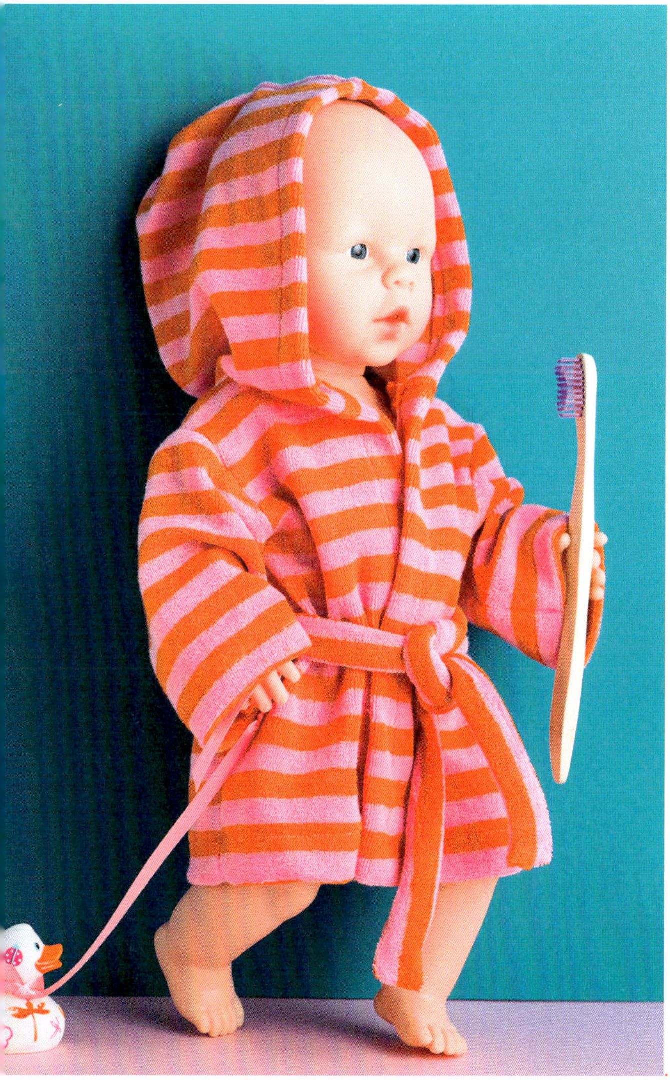

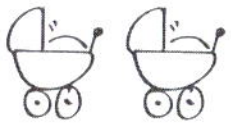

GRÖSSE

XS/S + M

Die Angaben für Größe XS stehen vor dem Schrägstrich, die Angaben nach dem Schrägstrich gelten sowohl für Größe S als auch für Größe M.

MATERIAL

- Jersey-Frottee, 25 cm x 110 cm/35 cm x 140 cm
- farblich passendes Nähgarn

ZUSCHNITT

- 1x Vorderteil in doppelter Stofflage
- 1x Rückenteil im Stoffbruch
- 1x Ärmel in doppelter Stofflage
- 1x Kapuze in doppelter Stofflage
- 1 Streifen, 5 cm x 60 cm/7 cm x 75 cm für den Bindegürtel

NAHTZUGABEN

Alle Teile mit 0,5-1 cm Nahtzugabe zuschneiden.

An den vorderen Kanten des Mantels und der Kapuze, am Mantelsaum und an den Ärmelsäumen jeweils 1,5 cm/2 cm zugeben.

Die Maße für den Gürtelstreifen enthalten bereits 0,5 cm Nahtzugabe.

SCHNITTMUSTERBOGEN 2A

1 Die Vorderteile rechts auf rechts auf das Rückenteil stecken und die Schulternähte schließen.

2 Die Ärmel rechts auf rechts in die Armausschnitte einpassen, feststecken und einnähen.

3 Jetzt den Bademantel anprobieren und die Ärmellänge prüfen, die Ärmel eventuell etwas kürzen.

4 Die Ärmelsäume 1,5 cm/2 cm breit nach links schlagen und festnähen.

5 Die Ärmel der Länge nach rechts auf rechts falten und Vorder- und Rückenteil rechts auf rechts legen, sodass die Ärmel- und Seitenkanten jeweils bündig aufeinanderliegen. Die Ärmel- und Seitennähte mit einer durchgehenden Naht schließen.

6 Die beiden Kapuzenteile an der hinteren Kante bündig rechts auf rechts aufeinanderstecken und die Naht schließen, die vordere und untere Kante offenlassen.

7 Die Kapuze rechts auf rechts an den Halsausschnitt stecken und festnähen.

8 Die Nahtzugaben an der vorderen Kante der Kapuze und den beiden Vorderteilen nach links schlagen und feststecken. Die Umschläge mit 1 cm/1,5 cm Abstand zu den Stoffbrüchen festnähen.

9 Den Saum 1,5 cm/2 cm breit nach links schlagen und festnähen. Die Umschläge von Vorderkante und Saum an den unteren Ecken der Vorderteile jeweils mit einigen Handstichen aufeinander fixieren.

10 Den Gürtelstreifen längs rechts auf rechts falten und die langen Kanten zusammennähen. Zum Wenden eine Sicherheitsnadel an einem Ende des Schlauchs an der Nahtzugabe befestigen. Die Sicherheitsnadel durch den Stofftunnel schieben, den Stoff dabei mit hindurchziehen. Die Nahtzugaben an den offenen kurzen Kanten nach innen schieben und die Öffnungen knappkantig zunähen.

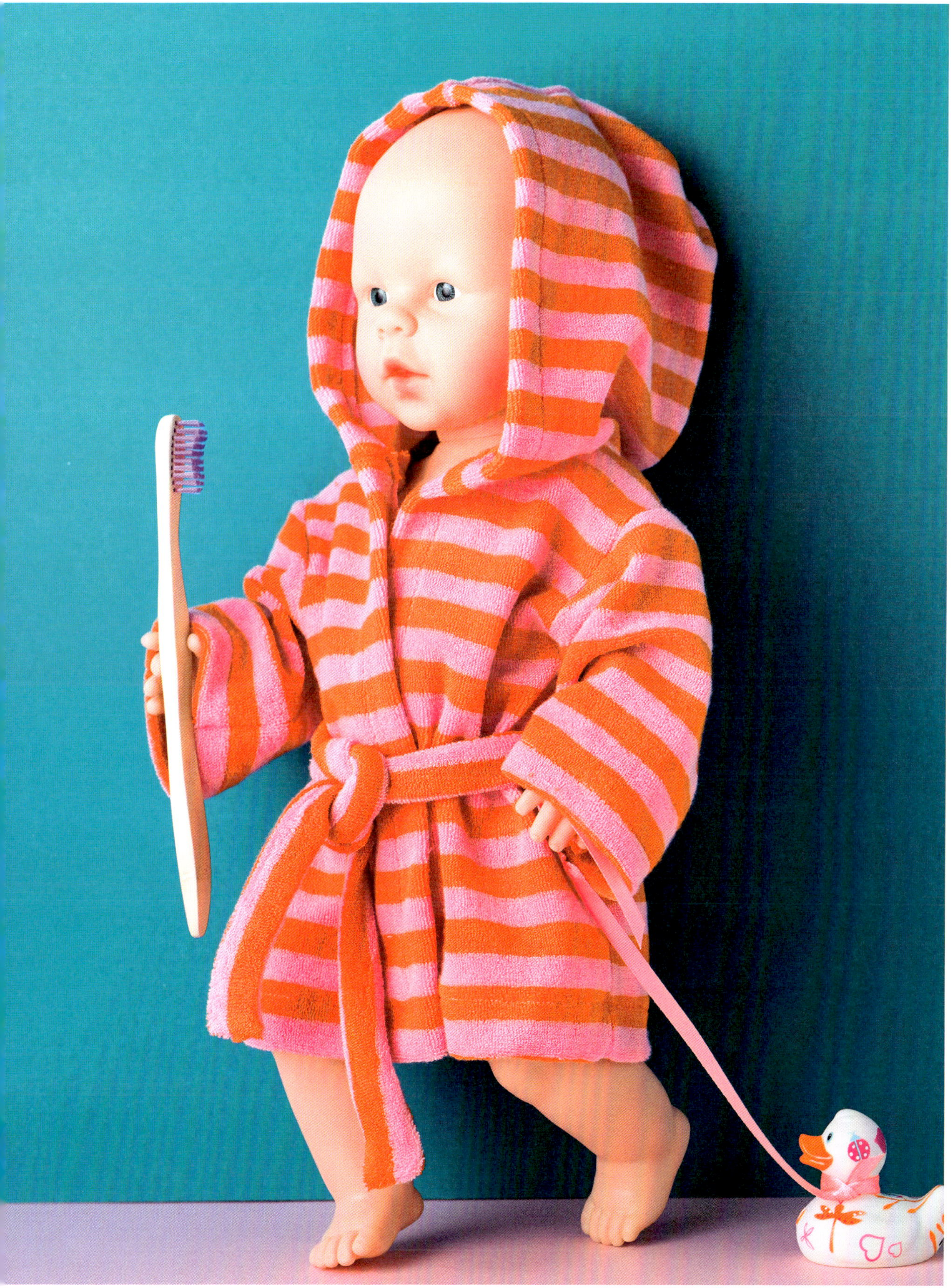

Schlafsack

BEQUEM EINGEPACKT FÜR DIE NACHT

GRÖSSE
One Size

MATERIAL
- Nicki in Rosa, 15 cm x 55 cm
- Jersey in Rosa mit Herzmuster, 35 cm x 70 cm
- Herz-Knopf in Weiß, ø 1,2 cm
- 4 Color-Snaps in Weiß
- farblich passendes Nähgarn

ZUSCHNITT
- Nicki
  2x Rückenteil im Stoffbruch
  2x Vorderteil im Stoffbruch
- Jersey
  4 x Sackteil im Stoffbruch

NAHTZUGABEN
Alle Teile mit 0,5–1 cm Nahtzugabe zuschneiden.

SCHNITTMUSTERBOGEN 1A

1 Die Vorder- und Rückenteile jeweils rechts auf rechts auf die Oberkante eines der vier Sackteile stecken und festnähen.

2 Anschließend jeweils die zusammengesetzten vorderen und rückwärtigen Schlafsackteile rechts auf rechts an den Seitenkanten und am Boden zusammennähen, dabei an einer Bodennaht eine Wendeöffnung von 10 cm Länge auslassen.

3 Einen Schlafsack auf rechts wenden. Nun die beiden Schlafsäcke rechts auf rechts ineinanderschieben. Anschließend die Hals- und Armausschnitte sowie die Schulternähte rundherum zusammennähen.

4 Den Schlafsack durch die Wendeöffnung auf rechts wenden. Die Nahtzugaben an der Öffnung nach innen schieben und knappkantig zusteppen oder mit Handstichen schließen.

5 Die Color-Snaps an den vorderen und rückwärtigen Schulterstücken anbringen.

6 Zum Schluss den Herz-Knopf mittig unter der Ausschnittkante des Vorderteils festnähen.

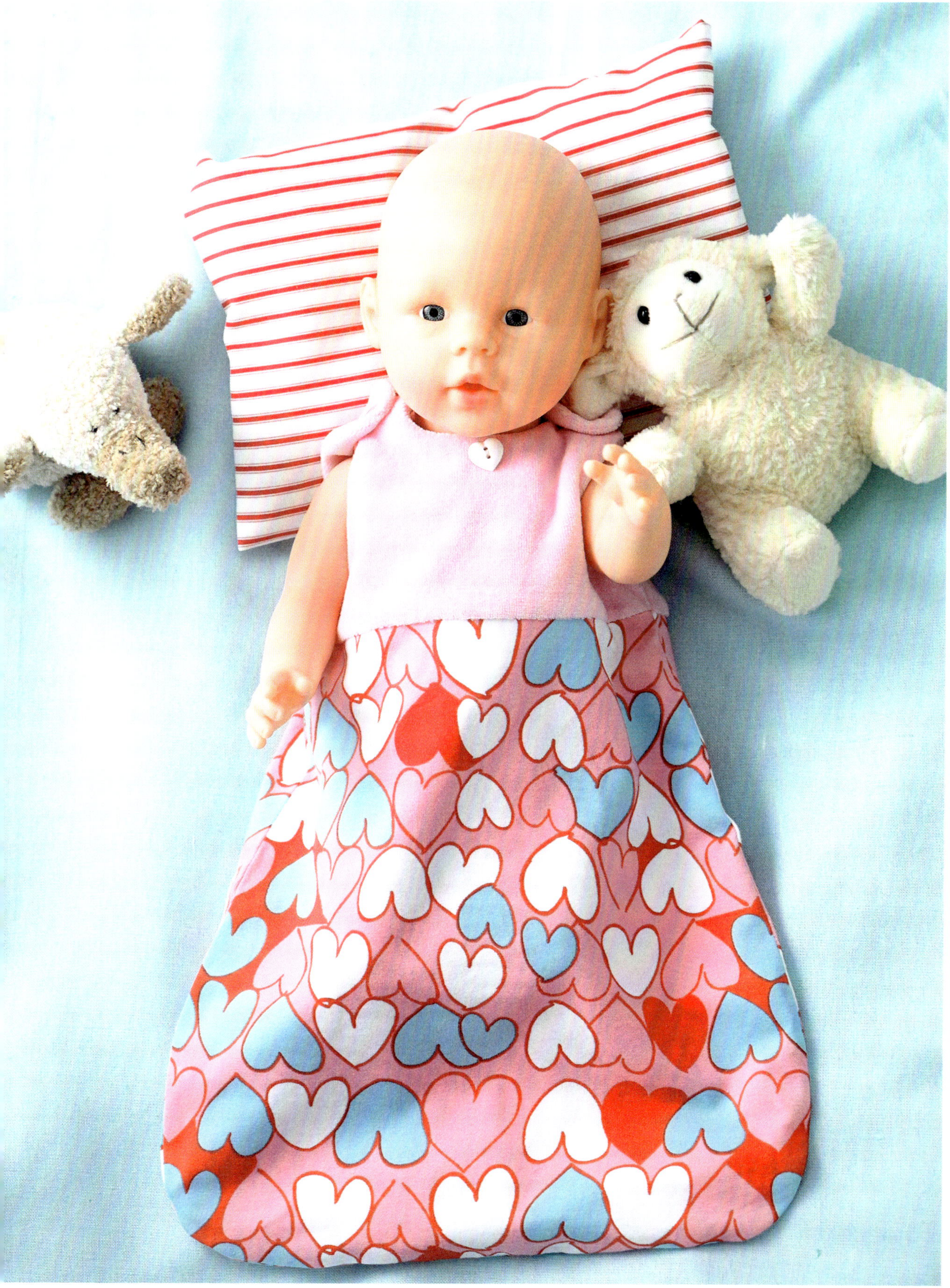

Tragebett

FÜR DAS KLEINE SCHLÄFCHEN ZWISCHENDURCH

GRÖSSE

One Size

MATERIAL

- Baumwollstoff 1 für Außenseite, 120 cm x 35 cm
- Baumwollstoff 2 für Innenseite, Tragegriffe und Applikation, 130 cm x 45 cm
- Baumwollstoff 3 für Decke und Kissen, 120 cm x 35 cm
- Style-Vil, 72 cm x 80 cm
- Vlieseline H 200, 90 cm x 25 cm
- Vliesofix, 15 cm x 15 cm
- Füllwatte
- farblich passendes Nähgarn

ZUSCHNITT

- Baumwollstoff 1
  1x für das Mittelteil 80 cm x 22 cm
  1x Seitenteil in doppelter Stofflage
- Style-Vil
  1x für das Mittelteil 80 cm x 22 cm
  1x Seitenteil in doppelter Stofflage
- Baumwollstoff 2
  1x für das Mittelteil 80 cm x 22 cm
  1x Seitenteil in doppelter Stofflage
  2x für die Tragegriffe 70 cm x 10 cm
  1x Herz für die Applikation
- Vlieseline H 200
  2x für die Tragegriffe 70 cm x 10 cm
- Baumwollstoff 3
  2x für die Decke 26 cm x 32 cm
  2x für das Kissen 18 cm x 22 cm

NAHTZUGABEN

Am Seitenteil rundum 1 cm Nahtzugabe zugeben.

Die Maße beinhalten 1 cm Nahtzugaben.

SCHNITTMUSTERBOGEN 1A

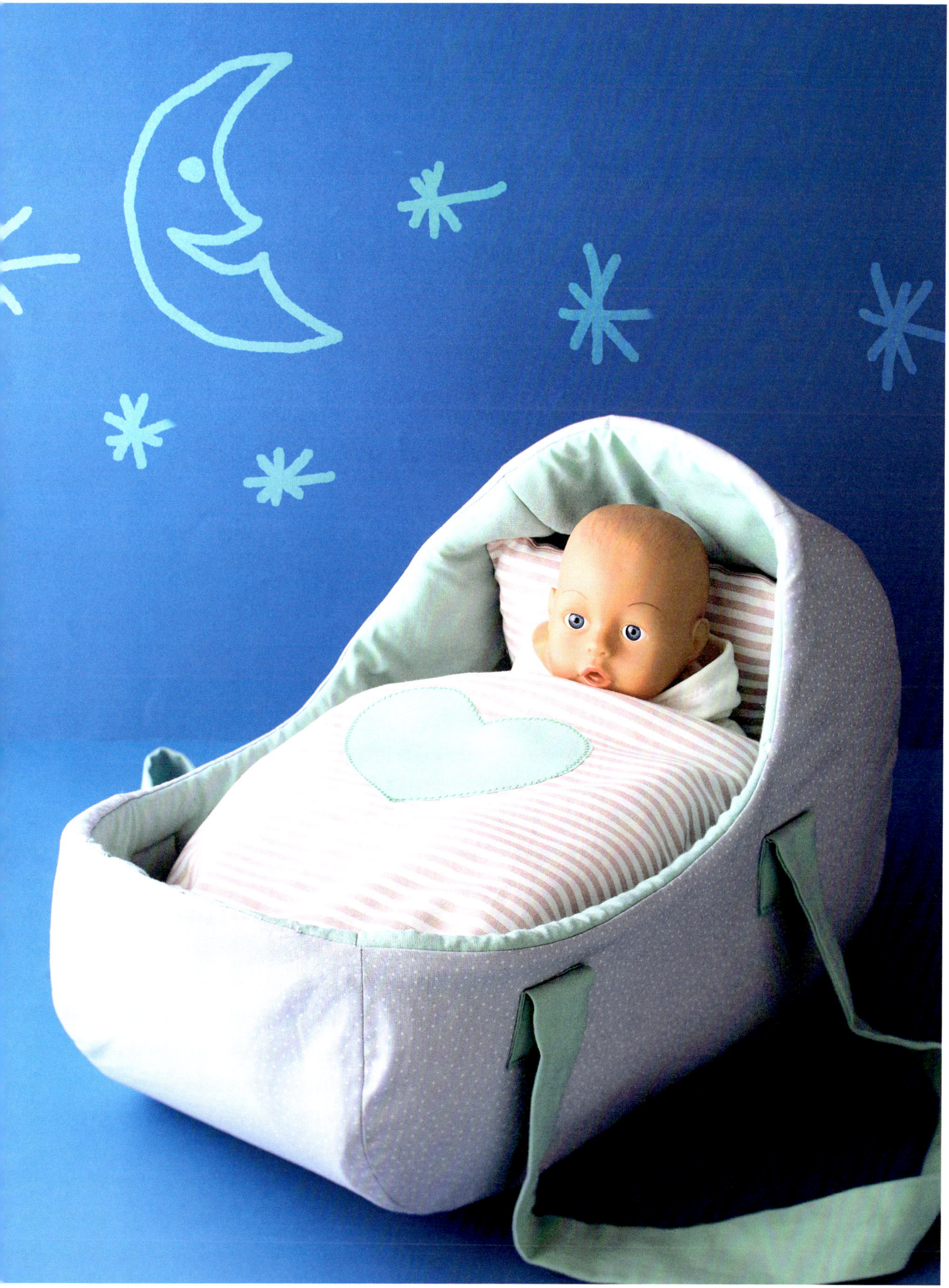

Tragebett

1 Das Style-Vil auf die linke Seite der Außenstoffe stecken und die Lagen entlang der Außenkanten mit Zickzackstichen zusammenfassen.

2 Je bei Innen- und Außenstoff die seitlichen Teile rechts auf rechts an die Längskanten des mittleren Teiles stecken und festnähen, dabei am Innenbett an einer Längsseite eine 15-20 cm lange Wendeöffnung auslassen. Die Nahtzugaben an den Rundungen V-förmig einknipsen.

3 Ein Tragebett auf rechts wenden. Die Betten rechts auf rechts ineinanderschieben, mit den offenen Kanten bündig stecken und rundum zusammennähen. Die Nahtzugaben an den Rundungen V-förmig einschneiden.

4 Das Bett durch die Öffnung des Innenbettes wenden. Die Nahtzugaben der Wendeöffnung nach innen schieben und die Bruchkanten knappkantig zusammensteppen oder die Öffnung mit Matratzenstichen schließen. Innenbett links auf links in das Außenbett stülpen.

5 Vlieseinlage auf die linke Seite der Tragegriffe bügeln. An beiden Streifen die Längskanten 1 cm breit nach links bügeln. Anschließend die Streifen links auf links mittig falten, bügeln und die offenen langen Kanten zusammensteppen.

6 Die kurzen Kanten der Tragegriffe jeweils 2 cm breit umschlagen, die Tragegriffe von außen auf die Seiten des Bettes stecken und mit einem durchkreuzten Quadrat (4 cm x 4 cm) feststeppen.

MEIN TIPP FÜR SIE:
Anstelle von Style-Vil kann auch Volumenvlies zum Verstärken des Tragebettes verarbeitet werden. Am besten eine Stärke von 1-1,5 cm wählen, damit das Bett Stand bekommt.

Decke und Kissen

1 Die Applikation vorbereiten und dann das Herz im oberen Bereich mittig auf die rechte Seite eines Deckenteiles applizieren.

2 Jeweils die beiden Kissen- bzw. Deckenteile rechts auf rechts stecken und zusammennähen – an der unteren Schmalseite eine Wendeöffnung auslassen. Die Nahtzugaben an den Ecken abschneiden.

3 Decke und Kissen wenden und kuschelig mit Watte füllen.

4 Die Nahtzugaben der Wendeöffnungen nach innen falten und die Bruchkanten knappkantig zusammensteppen oder die Öffnung mit Matratzenstichen schließen.

Turnbeutel

SPORTZEUG RATZFATZ DABEI

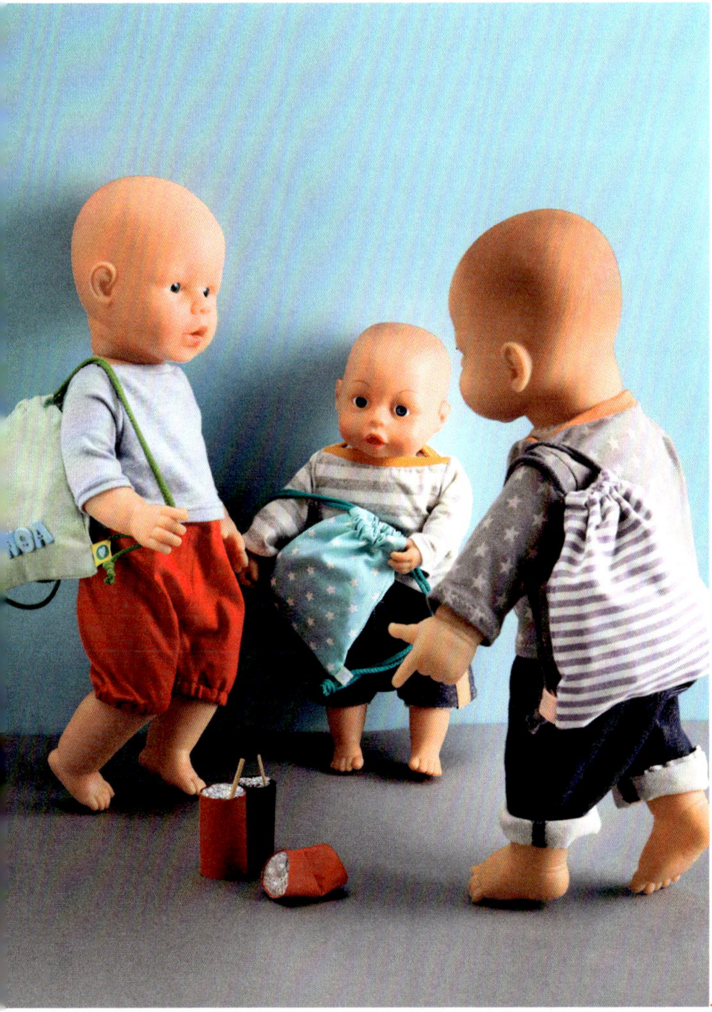

GRÖSSE

S/M+L

Die Angaben für Größe S stehen vor dem Schrägstrich, die Angaben nach dem Schrägstrich gelten sowohl für Größe M als auch für Größe L.

MATERIAL

- Baumwollstoff, 30 cm x 18 cm/35 cm x 20 cm
- Webband, 1-1,5 cm breit, 15 cm lang
- Kordel, ø 3 mm, 140 cm/160 cm lang
- Buchstabenknöpfe (optional)
- farblich passendes Nähgarn

ZUSCHNITT

- Baumwollstoff
  2x Turnbeutelteil
- Webband
  2x 6 cm
- Kordel
  2x 70 cm/80 cm

NAHTZUGABEN

Am Schnittteil rundum 1 cm Nahtzugabe hinzufügen.

SCHNITTMUSTERBOGEN 2A

1 Beide Beutelteile rundum mit breiten Zickzackstichen versäubern.

2 Gegebenenfalls nun die Buchstabenknöpfe im unteren Bereich auf die rechte Seite eines Beutelteiles nähen, dabei mindestens 2 cm Abstand zu den Nahtlinien einhalten, um den Turnbeutel später noch gut zusammennähen zu können.

3 An beiden Teilen die Nahtzugaben entsprechend der Markierungen im Schnitt einknipsen. Die Nahtzugaben ab Knips bis zur oberen Kante nach links schlagen und bügeln. Jetzt die oberen Kanten an der Markierungslinie nach links falten und ebenfalls bügeln. Für die Tunnelzüge diese Umschläge entlang der langen Bruchkante knappkantig festnähen.

4 Die Beutelteile rechts auf rechts legen. Die Webbänder, zur Schlaufe gefaltet, am unteren Rand zwischen die Lagen schieben, mit den offenen Kanten bündig zu den Schnittkanten. Alle Lagen feststecken und die Beutelteile an den Seiten und am unteren Rand zusammennähen. Die Nahtzugaben an den genähten Ecken abschneiden. Den Beutel wenden.

5 Eine Sicherheitsnadel an einem Ende einer Kordel befestigen und diese durch beide Tunnel schieben. Anschließend durch die Schlaufe am unteren Beutelrand fädeln und die Kordelenden miteinander verknoten. Die andere Kordel ebenso durch die Tunnel und eine Schlaufe führen, aber von der anderen Beutelseite aus beginnen.

MEINE TIPPS FÜR SIE:

Die Turnbeutel lassen sich wunderbar mit fertigen Bügelmotiven verzieren. Diese im unteren Bereich anbringen, damit sie auch noch schön zur Geltung kommen, wenn die Beutelöffnung gerafft ist.

Damit das Kordelende nicht ausfranst, wenn es durch die Tunnel geschoben wird, kann es vorher mit etwas Klebestreifen umwickelt werden.

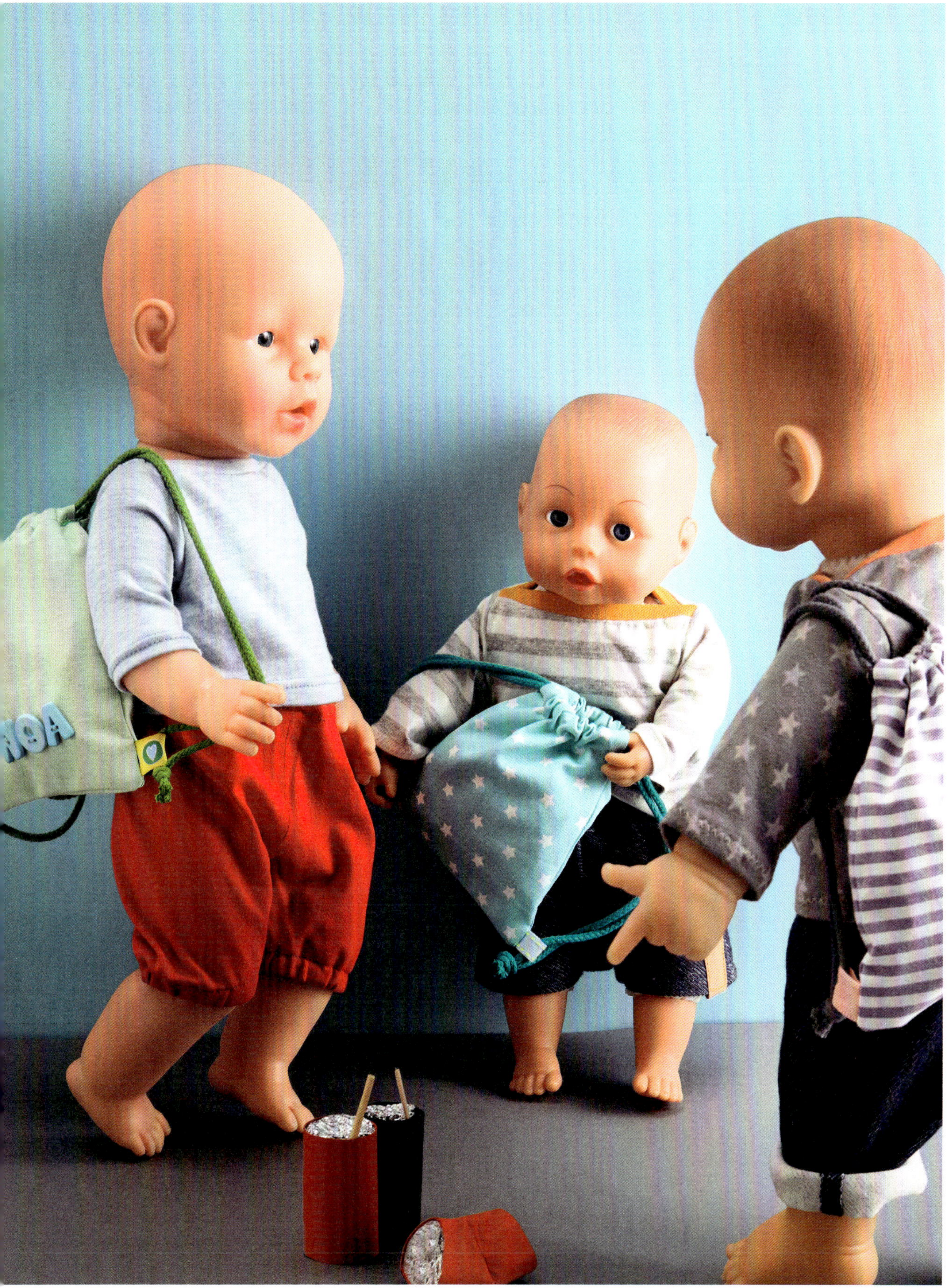

Wickeltasche

UNTERWEGS SCHNELL FRISCH GEMACHT

GRÖSSE

One Size

MATERIAL

- Baumwollstoff 1 für außen, 140 cm x 40 cm
- Baumwollstoff 2 für innen, 70 cm x 30 cm
- Volumenvlies zum Aufbügeln, 5 mm stark, 90 cm x 35 cm
- Vlieseinlage H 200, 90 cm x 20 cm
- Schrägband, fertige Breite 1 cm, 50 cm lang
- Klettband, 2 cm breit, 4 cm lang
- Leiterschnalle, 3 cm breit
- D-Ring, rechteckig, 3 cm breit
- farblich passendes Nähgarn

ZUSCHNITT

- Baumwollstoff 1
  2x Taschenteil
  2x Klappe
  1x zum Befestigen des D-Rings 15 cm x 8 cm
  1x für den Tragegurt 90 cm x 8 cm
- Baumwollstoff 2
  2x Taschenteil
- Volumenvlies
  2x Taschenteil
  1x Klappe
- Vlieseinlage
  1x 15 cm x 8 cm
  1x 90 cm x 8 cm

NAHTZUGABEN

Am Taschenteil an allen Kanten 1 cm Nahtzugabe hinzufügen, bei der Klappe nur an der geraden Kante.

Die Maße beinhalten 1 cm Nahtzugaben.

SCHNITTMUSTERBOGEN 1A

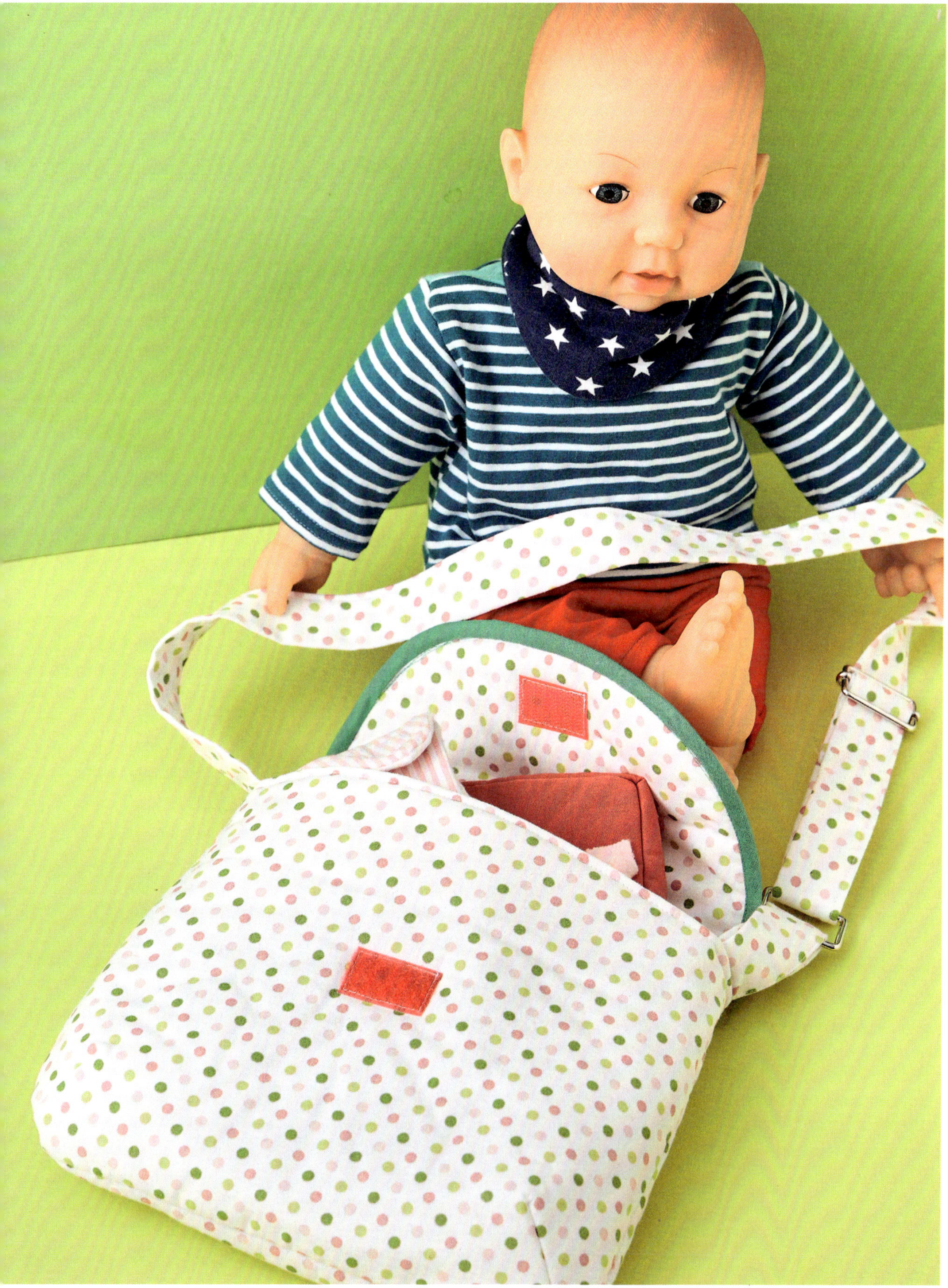

1 Die Volumenvlies-Teile auf die linken Seiten der Taschenteile aus Stoff 1 sowie einer Klappe aus Stoff 1 bügeln. Die Streifen mit der Vlieseinlage verstärken.

2 Für die Innen- und Außentasche die Bodenecken der Taschenteile schließen. Dafür die Abnäherkanten rechts auf rechts falten und abnähen. Anschließend je zwei Taschenteile gleichen Stoffs rechts auf rechts stecken und an den seitlichen Kanten und der unteren Kante zusammennähen. Die Nahtzugaben an den Rundungen V-förmig einknipsen. Die Nahtzugaben an den oberen Kanten der Taschenteile nach links umbügeln.

3 Beide Klappenteile links auf links stecken und entlang der Rundung mit dem Schrägband einfassen.

4 Die Längskanten aller Streifen jeweils 1 cm breit nach links bügeln. Anschließend die Streifen längs mittig links auf links falten und bügeln. Die Längskanten knappkantig zusammennähen.

5 Außentasche auf rechts wenden. Die Innentasche links auf links in die Außentasche schieben, dann beide Teile mit den oberen Kanten bündig stecken.

6 Den kurzen Streifen durch den D-Ring fädeln und zur Schlaufe falten. Die Schlaufe an einer Seitennaht der Taschenteile zwischen die Innen- und Außentasche stecken. Den langen Streifen an der anderen Taschenseite ebenso zwischen die Lagen schieben und feststecken.

7 Die Klappe mit der geraden Kante an einer oberen Taschenkante zwischen die Stofflagen schieben. Alles mit Stecknadeln fixieren.

8 Die oberen Kanten der Taschenteile knappkantig zusammennähen, dabei die Klappe und die Trägerstreifen mitfassen.

9 Den langen Träger durch die Leiterschnalle fädeln, anschließend durch den D-Ring führen und einmal von unten um den mittleren Steg der Leiterschnalle schlingen. Das Trägerende mit Zickzackstichen versäubern und mit 5 cm Abstand zur Leiterschnalle knappkantig auf dem Trägerstreifen festnähen.

10 Das Klettband entsprechend der Markierung im Schnittmuster auf der Unterseite der Klappe und auf der vorderen Taschenseite knappkantig festnähen.

MEIN TIPP FÜR SIE:

Anstatt die Klappe mit Schrägband einzufassen, kann sie auch einfach verstürzt werden. Dann beim Zuschnitt rundum Nahtzugaben zugeben.

Taschen

PRAKTISCH UND SCHICK

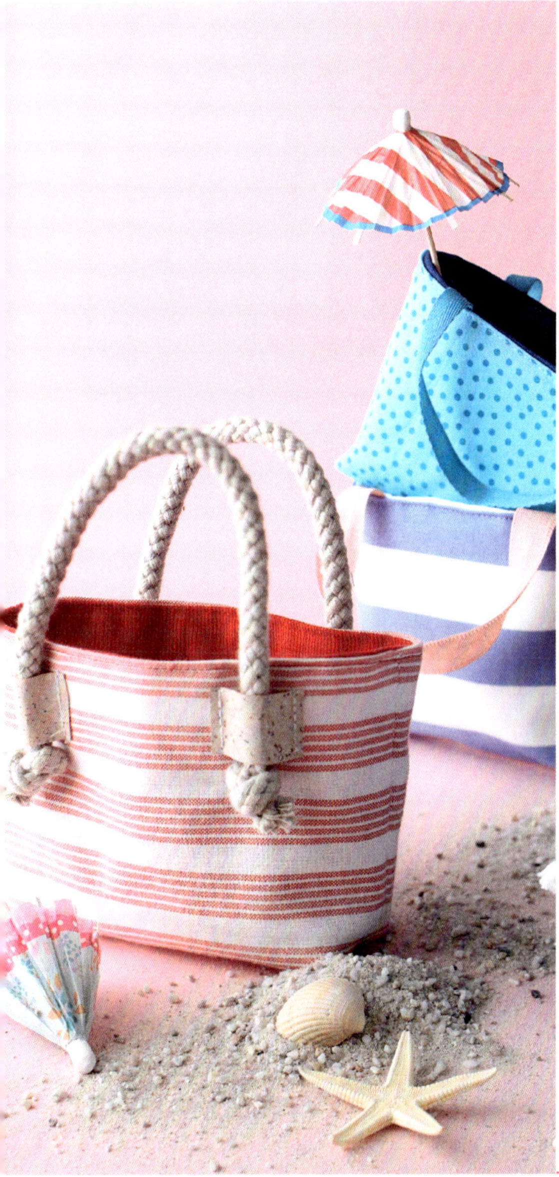

GRÖSSE

S/M+L

Die Angaben für Größe S stehen vor dem Schrägstrich, die Angaben nach dem Schrägstrich gelten sowohl für Größe M als auch für Größe L.

MATERIAL TASCHE

- Stoff 1: Baumwollstoff für die Außentasche, 40 cm x 15 cm
- Stoff 2: Baumwollstoff 2 für die Innentasche, 40 cm x 15 cm
- Vlieseinlage H 250, 40 cm x 15 cm
- Webband, 10 mm breit, 40 cm/45 cm lang
- Alternativ zum Webband: SnapPap (oder Filz, 1 mm stark) 12 cm x 4 cm + Kordel, ø 1 cm, 60 cm lang
- farblich passendes Nähgarn

ZUSCHNITT

- Stoff 1 und 2 und Vlieseinlage H 250
  2x Tasche
- Webband
  2x 18 cm/20 cm oder optional für M+L
- SnapPap oder Filz
  4x Halterung
- Kordel
  2x 30 cm

NAHTZUGABEN

Beim Taschenteil rundum 1 cm Nahtzugabe zugeben.

Die Halterungen ohne Nahtzugaben schneiden.

SCHNITTMUSTERBOGEN 2B

Tasche mit Tragegriff-Halterungen

1 Die Vlieseinlage auf die linken Seiten der Außentaschenteile bügeln.

2 Die Tragegriff-Halterungen laut Schnittmarkierungen je an beiden Seiten knappkantig auf die Außentaschenteile steppen – die Halterungen dabei leicht gewölbt auflegen.

3 Je die Innen- sowie die Außentaschenteile rechts auf rechts aufeinanderstecken und an den seitlichen Kanten und den unteren Kanten (= Naht der Bodenmitte) zusammennähen.

4 Jetzt die Bodenecken nähen. Dafür die Lagen pro Ecke so rechts auf rechts legen, dass die Seitennaht und die Naht der Bodenmitte aufeinandertreffen. Dann die offene Strecke nähen.

5 Die Nahtzugaben an den oberen Kanten der Taschenteile nach links bügeln. Die Außentasche auf rechts wenden. Die Innentasche links auf links in die Außentasche schieben, die oberen Kanten bündig stecken und knappkantig zusammennähen.

6 Je eine Kordel an einer Taschenseite durch beide Halterungen schieben, an den Kordelenden Knoten legen.

Tasche mit eingenähten Tragegriffen

Schritte 1, 3 und 4 wie zuvor beschrieben arbeiten. Bei Schritt 5 die Bandenden laut Schnittmarkierungen zwischen die Taschenteile schieben und beim Zunähen der oberen Kanten mitfassen.

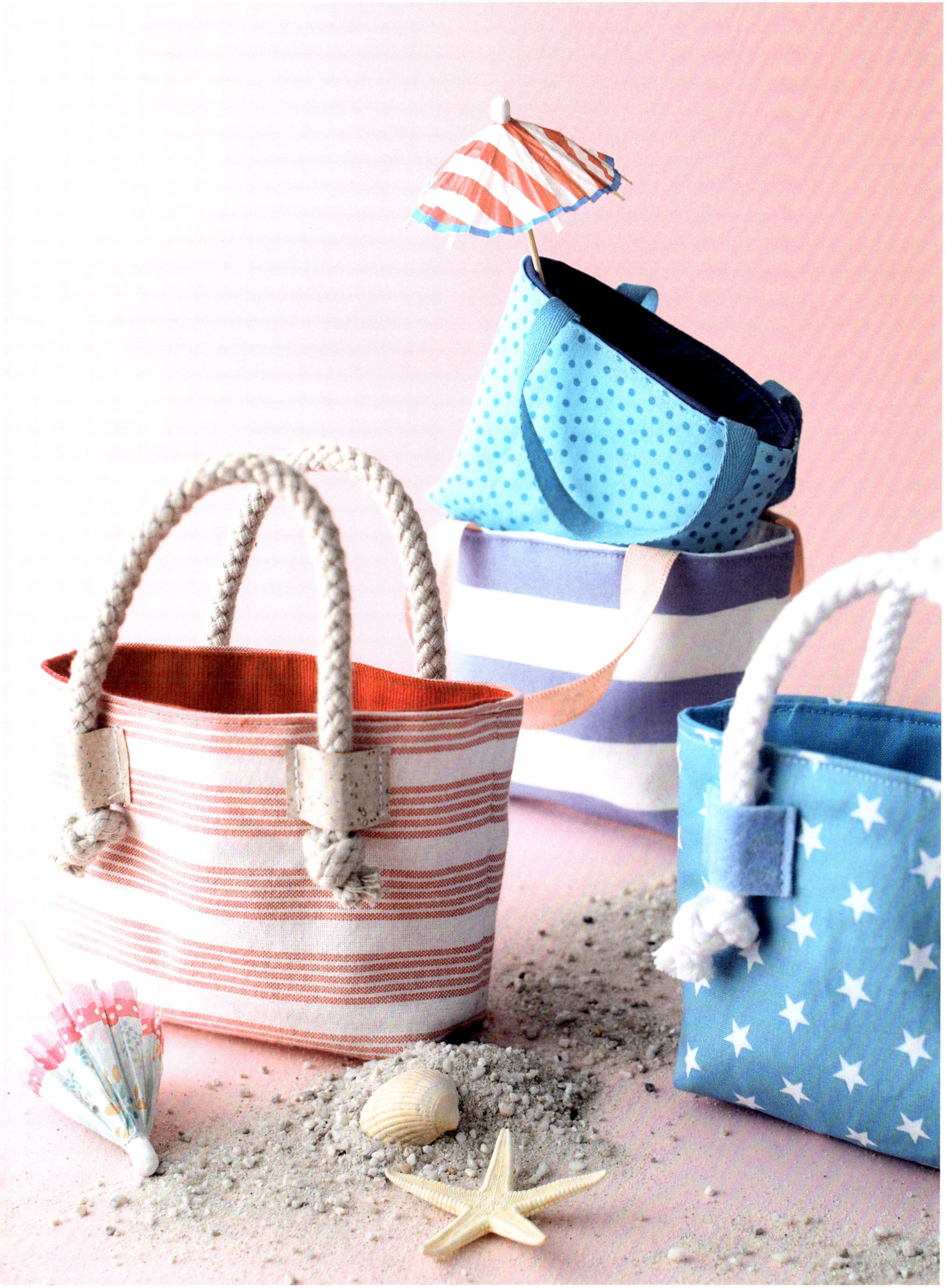

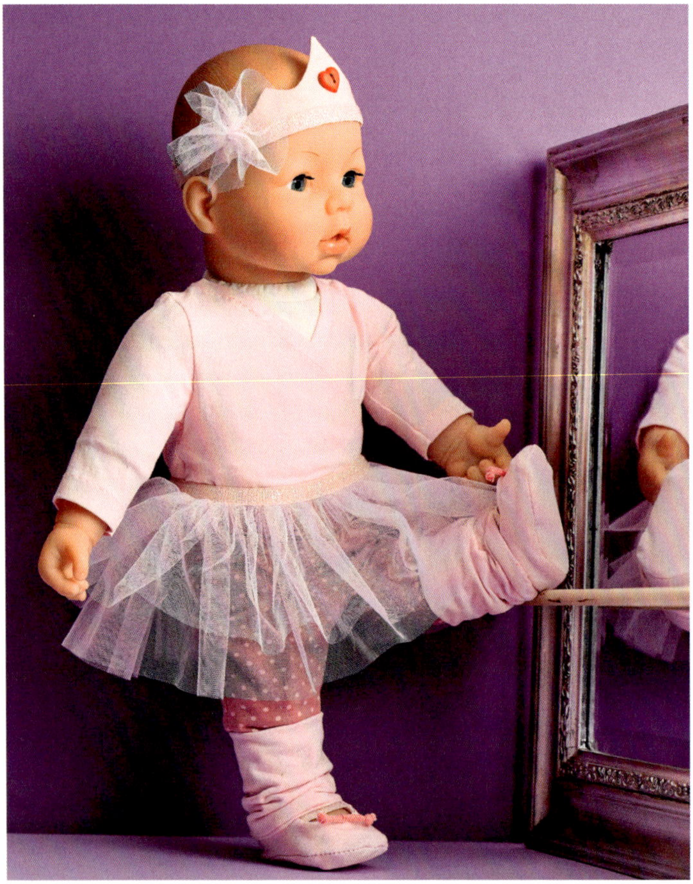
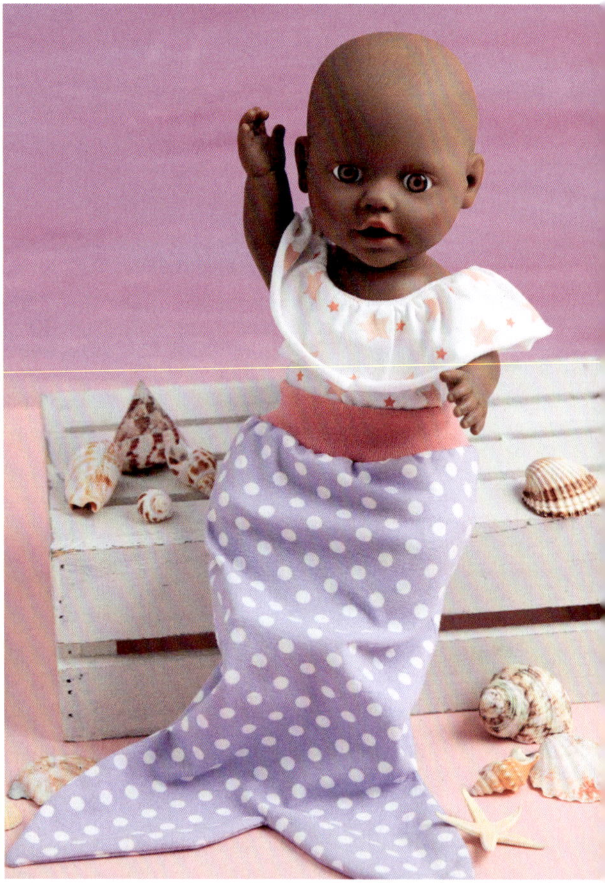
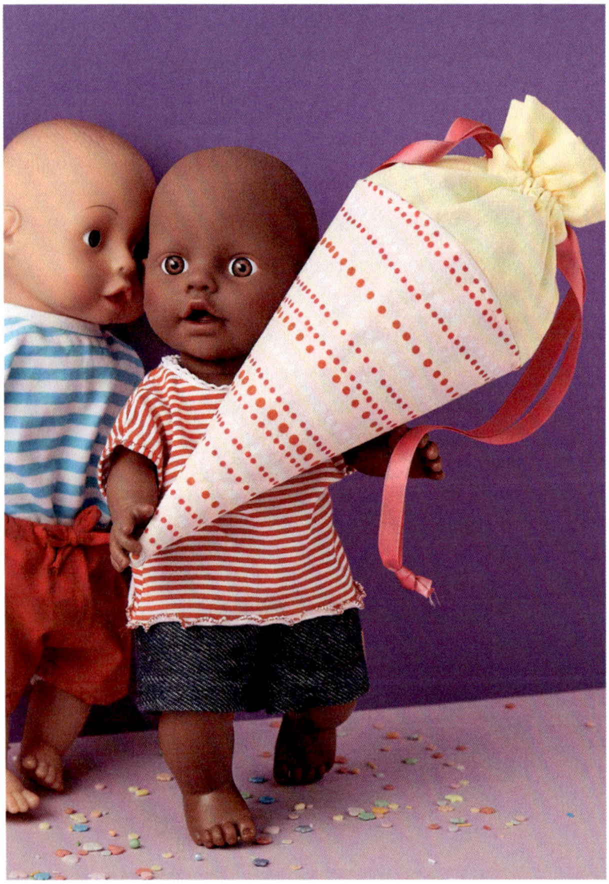
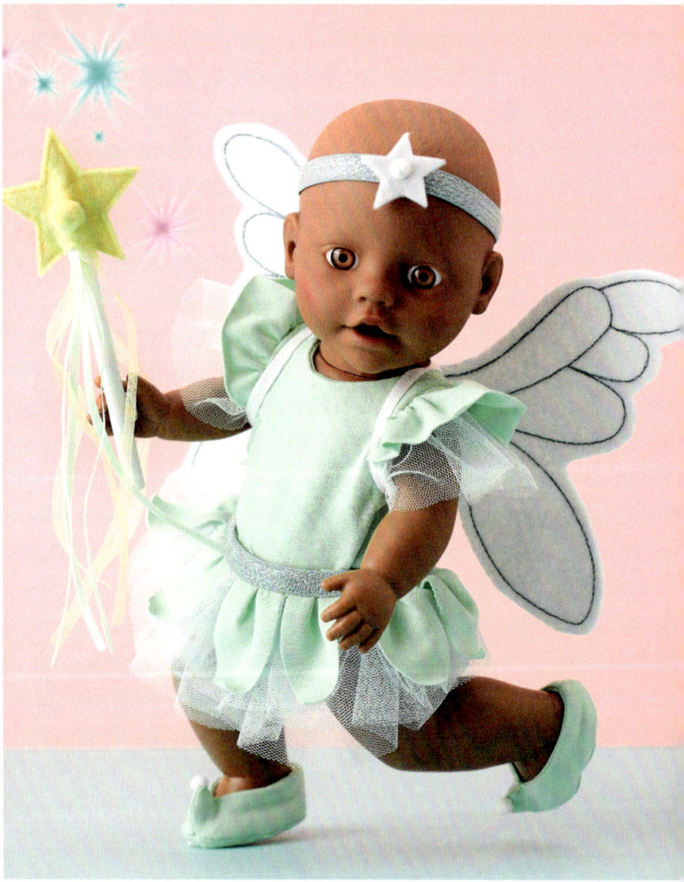

Besondere Anlässe

Schultüte

HURRA, ICH BIN EIN SCHULKIND!

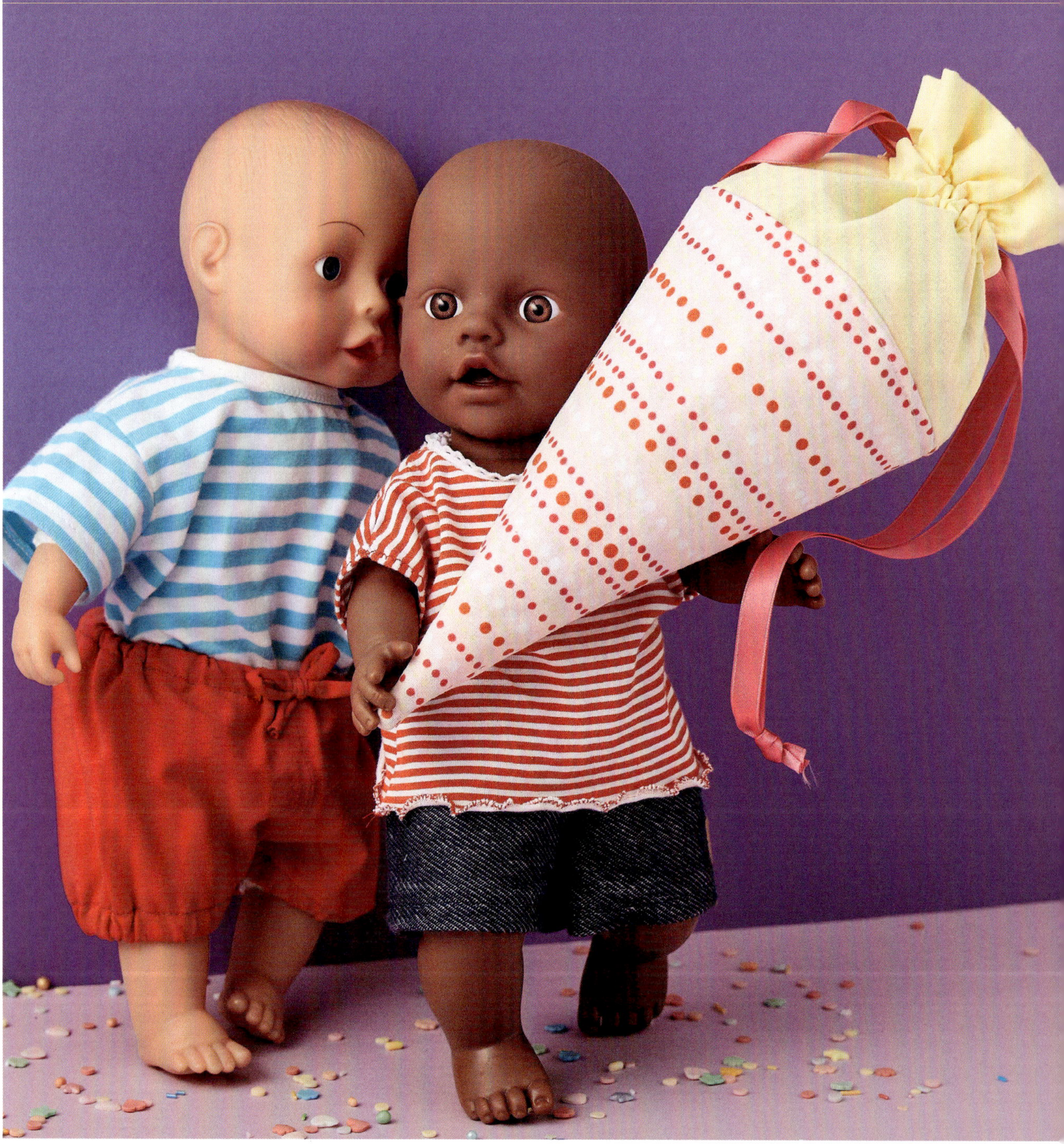

GRÖSSE

S/M+L

Die Angaben für Größe S stehen vor dem Schrägstrich, die Angaben nach dem Schrägstrich gelten sowohl für Größe M als auch für Größe L.

MATERIAL

- Baumwollstoff 1 für die Schultüte, 30 cm x 20 cm/40 cm x 25 cm
- Baumwollstoff 2 für den Verschluss, 60 cm x 15 cm/75 cm x 18 cm
- Vlieseinlage (S 320 oder Decovil I light), 22 cm x 20 cm/30 cm x 25 cm
- Band, 1 cm breit, 100/120 cm lang
- farblich passendes Nähgarn

ZUSCHNITT

- Baumwollstoff 1
  2x Schultüte
- Vlieseinlage
  2x Schultüte
- Baumwollstoff 2
  2x für den Verschluss
  14 cm x 11,5 cm/18 cm x 14 cm
  2x für die Tunnelzüge
  12 cm x 3,5 cm/16 cm x 3,5 cm
- Band
  2x 50 cm/60 cm

NAHTZUGABEN

Am Schnittteil an allen Kanten 1 cm Nahtzugabe hinzufügen.

Die Maße beinhalten 0,5-1 cm Nahtzugaben, wie angegeben.

SCHNITTMUSTERBOGEN 2B

1 Die Vlieseinlage auf die linke Seite der Schultüten-Teile bügeln.

2 Jeweils die obere lange Kante der Verschluss-Teile erst 0,5 cm, dann 1 cm breit nach links umbügeln. Die Umschläge knappkantig feststeppen.

3 Die kurzen Kanten der Tunnelzüge 1 cm breit nach links falten und bügeln. Anschließend die langen Kanten 0,5 cm breit nach links falten und bügeln.

4 Die Tunnelzüge mit 3 cm/4 cm Abstand zu den oberen Kanten links auf rechts, mittig ausgerichtet auf die Verschluss-Teile stecken, seitlich muss die Nahtzugabe des Verschluss-Teils frei bleiben. Die Tunnelzüge dann entlang der langen Kanten knappkantig feststeppen.

5 Je ein Verschluss-Teil mit der offenen langen Kante rechts auf rechts an die obere Kante eines Schultüten-Teiles stecken und festnähen. Die Nahtzugaben zusammengefasst versäubern.

6 Jetzt die zusammengesetzten Teile rechts auf rechts legen, die seitlichen Kanten stecken und in einem Zug schließen. Die Nahtzugaben an der Spitze schmal abschneiden, dann zusammengefasst versäubern.

7 Schultüte auf rechts wenden. Die Spitze sauber ausformen.

8 Die Bänder mit Hilfe einer Sicherheitsnadel in die Tunnel ziehen. Je ein Band durch beide Tunnel führen, dabei einmal von links und einmal von rechts aus beginnen. Bandenden auf jeder Seite verknoten.

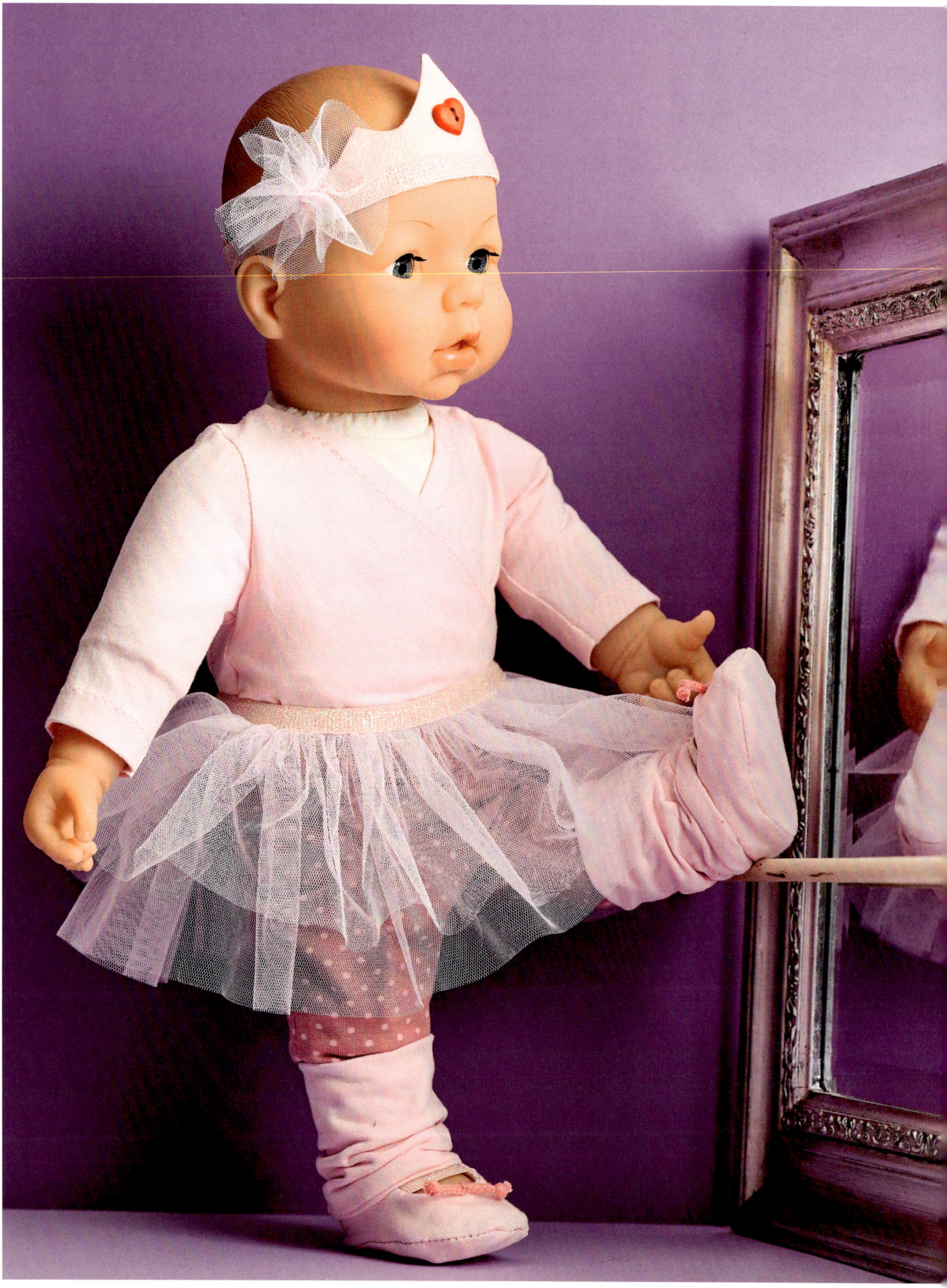

Ballerina

LIEBT TANZ ÜBER ALLES

GRÖSSE

S/M+L

Die Angaben für Größe S stehen vor dem Schrägstrich, die Angaben nach dem Schrägstrich gelten sowohl für Größe M als auch für Größe L.

MATERIAL

› Jersey in Rosa, 35 cm x 15 cm/40 cm x 20 cm
› farblich passendes Garn

ZUSCHNITT

› 1x Stulpe in doppelter Stofflage

NAHTZUGABEN

Die Stulpen mit 0,75 cm Nahtzugabe zuschneiden.

SCHNITTMUSTERBOGEN 2A

Stulpen

1 Die Kante mit der Markierung „Hintere Mitte" und die gegenüberliegende Kante jeweils 0,75 cm breit nach links umbügeln und wieder auseinanderfalten.

2 Die Rechtecke entlang der markierten Faltlinie rechts auf rechts falten und die langen Kanten zusammennähen.

3 Die Schläuche auf rechts wenden. Die vorgebügelten Kanten wieder nach innen stülpen. Die beiden Schlauchenden gegeneinanderlegen und mit lockeren Matratzenstichen zusammennähen.

Tütü

Material und Anleitung siehe Elfe Seite 114.

GRÖSSE

S/M+L

Die Angaben für Größe S stehen vor dem Schrägstrich, die Angaben nach dem Schrägstrich gelten sowohl für Größe M als auch für Größe L.

MATERIAL

- Jersey in Rosa, 120 cm breit, 20 cm/30 cm
- Klettband (Flausch- und Hakenseite) in Rosa oder Weiß, 1 cm breit, 2,5 cm/4 cm lang
- farblich passendes Garn

ZUSCHNITT

- Jersey
  1x unteres Vorderteil
  1x oberes Vorderteil
  Achtung: Die Vorderteile sind asymmetrisch. So wie die Teile auf dem Schnittmusterbogen zu sehen sind, müssen sie auf die rechte Stoffseite gelegt werden!
  1x Rückenteil im Stoffbruch
  1x Beleg Rückenteil im Stoffbruch
  1x Ärmel in doppelter Stofflage

NAHTZUGABEN

Alle Teile mit 1 cm Nahtzugabe zuschneiden, nur an den vorderen Halsausschnittkanten und dem Ärmelsaum 1,5 cm Nahtzugabe zugeben.

SCHNITTMUSTERBOGEN 2A

Body in Wickeloptik

1 Die schrägen Halsausschnittkanten der Vorderteile nach links bügeln und mit 1 cm Abstand zur Kante mit einem Zickzackstich festnähen.

2 Das obere Vorderteil an den Seitenkanten links auf rechts auf das untere Vorderteil stecken, und innerhalb der Nahtzugaben zusammennähen.

3 Den Beleg an die Ausschnittkante des Rückenteils nähen, die Nahtzugaben an der Rundung V-förmig einschneiden und den Beleg nach innen bügeln und feststeppen.

4 Rücken- und Vorderteil an den Schultern rechts auf rechts aufeinanderstecken und die Schulternähte schließen, dabei wird die kurze Seite des Belegs mit festgenäht.

5 Beide Ärmelsäume nach links umbügeln und knappkantig festnähen. Die Ärmel mit den Armkugeln rechts auf rechts in die Ausschnitte stecken und einnähen.

6 Anschließend die Ärmel- und Seitennähte in einem Arbeitsgang rechts auf rechts schließen.

7 Die Nahtzugaben der Beinausschnitte nach links umbügeln und festnähen. Dann die Nahtzugaben der Schrittkanten ebenfalls nach links umbügeln und festnähen.

8 Zum Schluss einen Klettstreifen auf die Oberseite einer Schrittkante und den anderen Streifen auf die Unterseite der anderen Schrittkante stecken und jeweils rundum annähen.

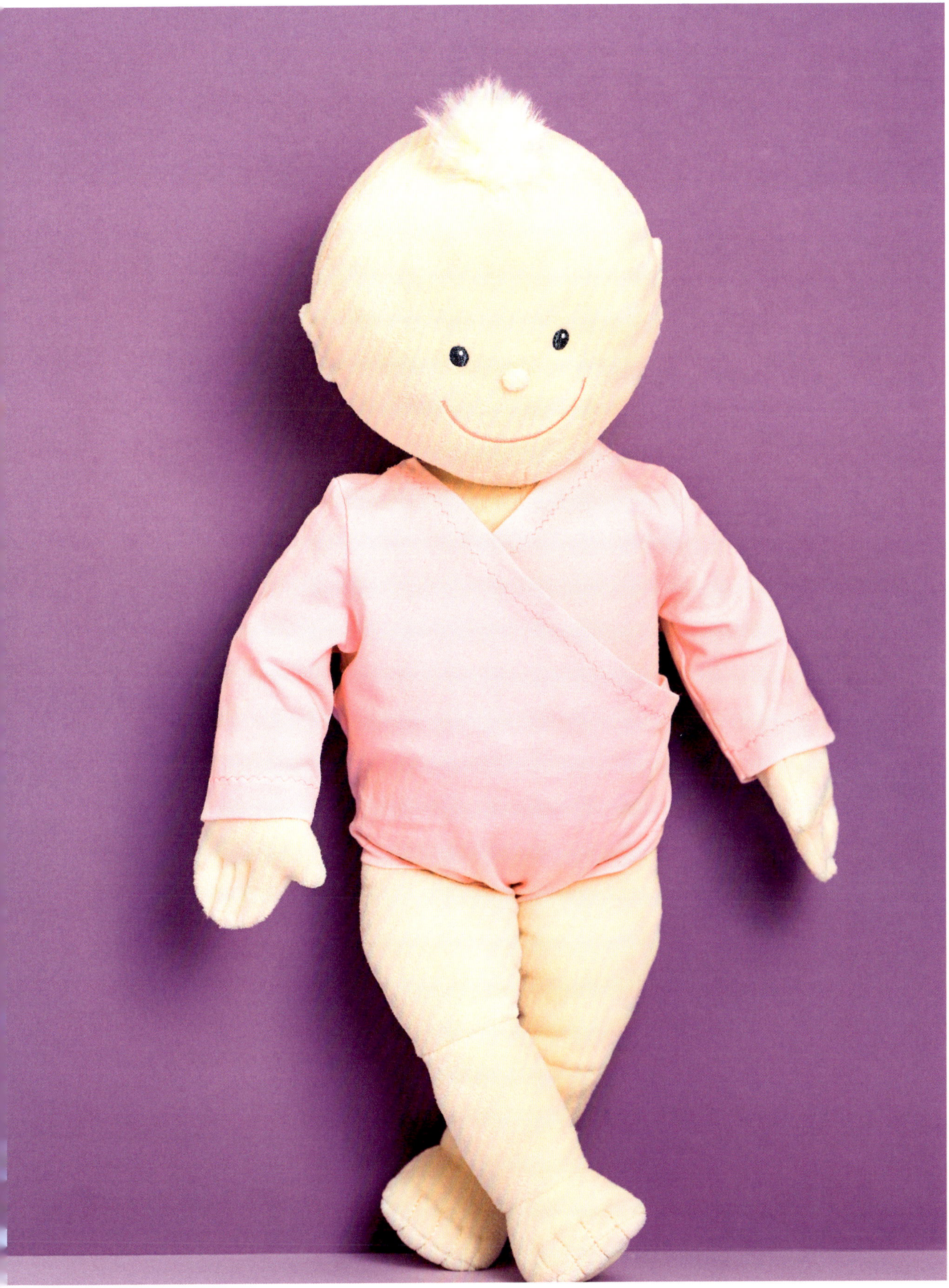

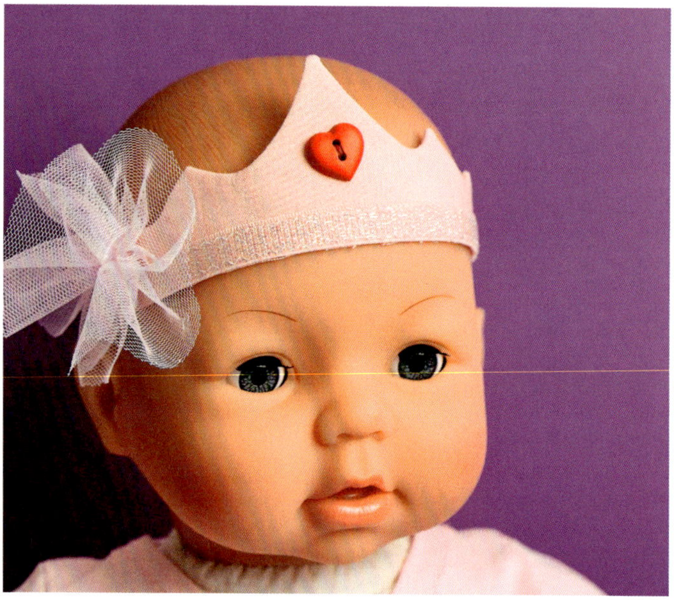

GRÖSSE
S/M+L
Die Angaben für Größe S stehen vor dem Schrägstrich, die Angaben nach dem Schrägstrich gelten sowohl für Größe M als auch für Größe L.

MATERIAL

› Jersey in Rosa, 30 cm x 10 cm/40 cm x 10 cm
› Volumenvlies zum Aufbügeln, 5 mm stark, 15 cm x 10 cm/20 cm x 10 cm
› Glitzer-Litze in Rosa, 1 cm breit, 30 cm/40 cm lang
› Herz-Knopf in Rot, 1 cm groß
› Tüll in Rosa, 30 cm x 4 cm/50 cm x 6 cm
› farblich passendes Nähgarn

ZUSCHNITT

› Jersey 2x Diadem
› Vlies 1x Diadem
› Litze/EinfassgummiKopfumfang + 1 cm

NAHTZUGABEN
Das Diadem rundum mit 0,75 cm Nahtzugabe zuschneiden.

SCHNITTMUSTERBOGEN 2A

Diadem

1 Das Vlies auf die linke Seite eines Diadem-Teils bügeln, auskühlen lassen.

2 Die Diadem-Teile rechts auf rechts aufeinanderstecken und an der oberen Kante zusammennähen. Anschließend die Nahtzugaben an den Rundungen V-förmig einschneiden und an den Außenecken schräg abschneiden.

3 Das Diadem wenden und bügeln. Die Unterkanten mit Zickzackstichen aufeinandernähen. Band oder Litze auf die rechte Seite der Unterkante stecken, dabei liegt jeweils die Band-/Litzenmitte auf der Mitte des Diadems. Jetzt das Einfassband knappkantig mit kleinen Zickzackstichen oder die Litze mit großen Zickzackstichen in der Litzenmitte auf das Diadem nähen.

4 Die Enden von Litze/Einfassgummi 1 cm breit übereinanderlegen und zusammennähen.

5 Am Diadem der Ballerina den Knopf in der vorderen Mitte aufnähen.

6 Für die Blüte am Tüllstreifen an einer langen Kante mit großen geraden Stichen entlangnähen, die Fäden zusammenziehen, sodass sich der Streifen zur Blüte kräuselt, und die Fadenenden verknoten.

7 Die Blüte von unten mit Handstichen fest zusammennähen und anschließend seitlich an das Diadem nähen.

Ballettschuhe

1 An allen Oberteilen jeweils die hinteren Mitten rechts auf rechts zusammennähen.

2 Je ein Oberteil rechts auf rechts auf eine Sohle stecken, dabei darauf achten, dass die vorderen und rückwärtigen Mitten aufeinandertreffen. Die Oberteile auf die Sohlen nähen, die Nahtzugaben rundum V-förmig einschneiden.

3 Zwei Schuhe auf rechts wenden und links auf links in die anderen beiden Schuhe schieben. Die Nahtzugaben an den offenen Kanten nach innen falten und feststecken.

4 Einen Schuh anprobieren und ein Elastikband so zwischen die Nahtzugaben schieben, dass es gut über dem Fuß sitzt. Das Band dafür eventuell kürzen. Dann das Band feststecken und das andere Band am anderen Schuh genauso platzieren. Die Schuh-Ausschnitte mit Matratzenstichen schließen, dabei die Bandenden mit festnähen.

5 In beide Enden der Kordelstücke Knoten knüpfen. Anschließend die Kordelenden noch einmal dicht neben den Knoten abschneiden. Die Kordeln auf den vorderen Mitten der Schuhe platzieren und in der Kordelmitte mit wenigen Hand- oder Nähmaschinenstichen festnähen.

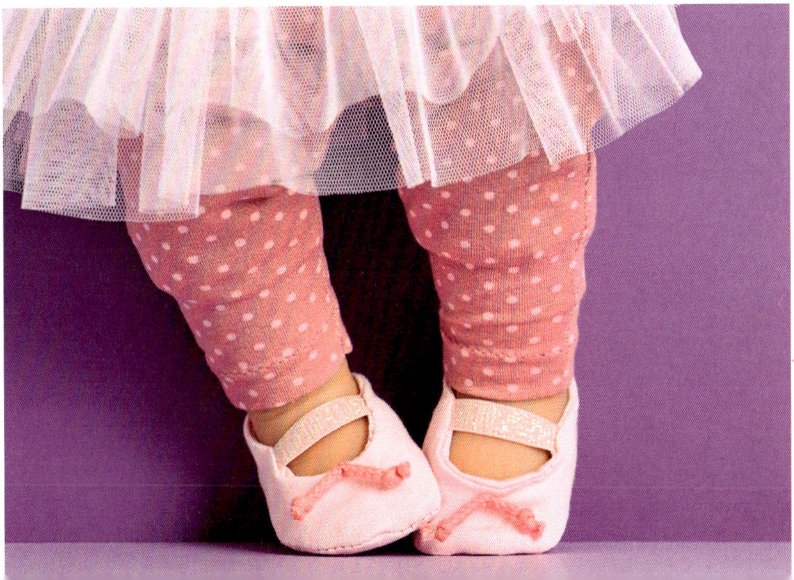

GRÖSSE

S/M+L

Die Angaben für Größe S stehen vor dem Schrägstrich, die Angaben nach dem Schrägstrich gelten sowohl für Größe M als auch für Größe L.

MATERIAL

- Jersey in Rosa, 80 cm x 15 cm/ 90 cm x 15 cm
- glitzerndes Elastik-Band in Rosa, 1 cm breit, 15 cm lang
- Kordel in Pink, ø 3 mm, 20 cm lang
- farblich passendes Garn

ZUSCHNITT

- Jersey
  2x Sohle in doppelter Stofflage
  2x Schuh in doppelter Stofflage
- Kordel
  2x 10 cm
- Elastik-Band
  2x 7,5 cm

NAHTZUGABEN

Alle Teile mit 0,75 cm Nahtzugabe zuschneiden.

SCHNITTMUSTERBOGEN 2A

Zauberhafte Elfe

WIE IM MÄRCHEN

GRÖSSE
One Size

MATERIAL
- glitzernde Gummilitze in Grün, 1 cm breit, Länge = Kopfumfang
- Filz in Weiß, 2-3 mm stark, 5 cm x 5 cm
- Pompon in Weiß, ø 3 mm
- farblich passendes Garn

ZUSCHNITT
- Filz
  1x Stern
- Litze
  Die Litze einmal eng um den Kopf legen und mit 1 cm Zugabe abschneiden.

NAHTZUGABEN
Es werden keine Nahtzugaben benötigt.

SCHNITTMUSTERBOGEN 2A

Stirnband

1 Den Mini-Pompon mit festen Handstichen mittig auf den Filz-Stern nähen.

2 Anschließend den Stern mittig auf die rechte Seite der Glitzer-Litze nähen.

3 Die Enden der Litze 1 cm breit überlappen lassen und mit breiten Zickzackstichen aufeinandernähen.

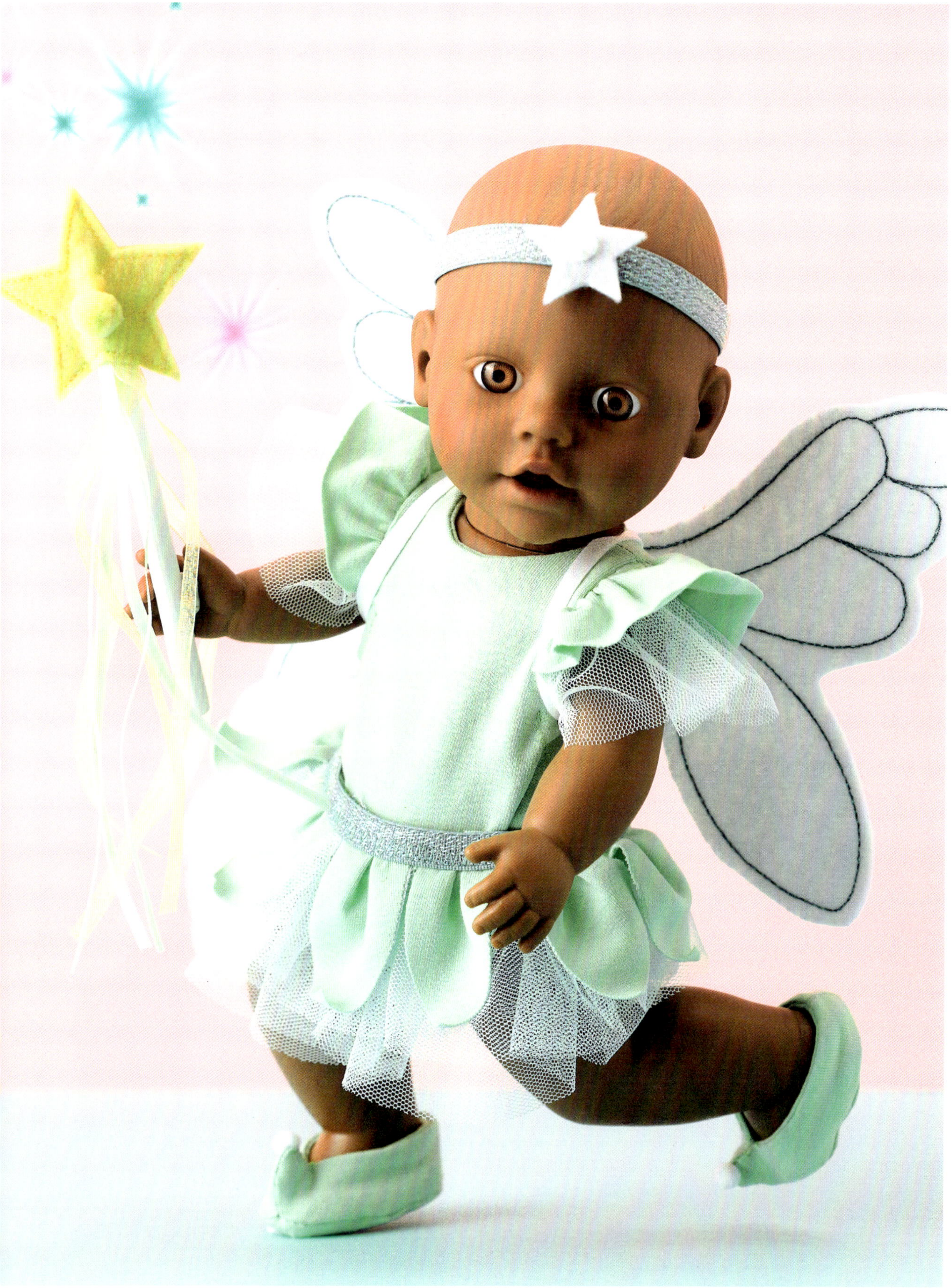

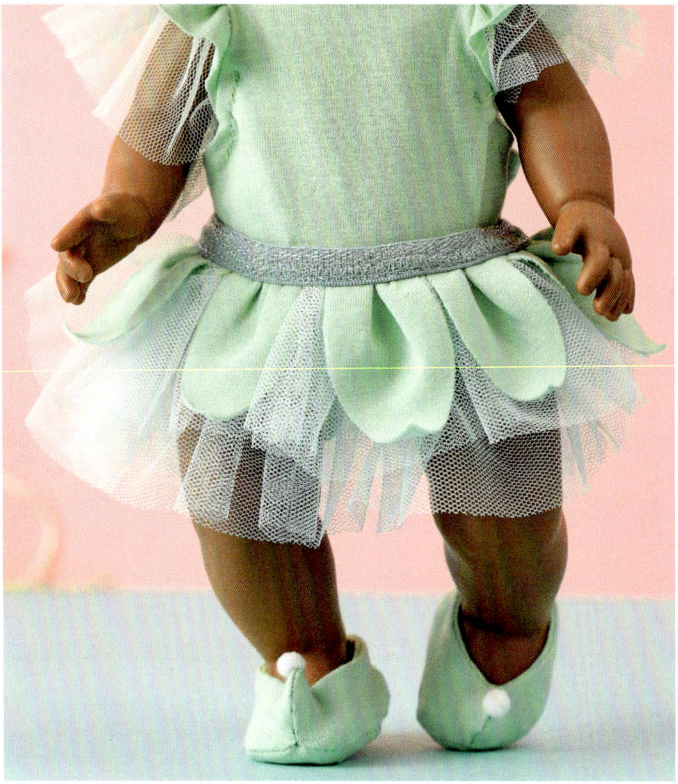

GRÖSSE

S/M+L

Die Angaben für Größe S stehen vor dem Schrägstrich, die Angaben nach dem Schrägstrich gelten sowohl für Größe M als auch für Größe L.

MATERIAL

ELFE

- Tüll in hellem Mint, 90 cm x 20 cm/120 cm x 25 cm
- Jersey in Hellgrün, 70 cm x 10 cm/100 cm x 10 cm
- Vlieseline zum Aufbügeln H 180, 70 cm x 10 cm/100 cm x 10 cm
- glitzernde Gummilitze in Grün, 1 cm breit, 40 cm/50 cm lang
- farblich passendes Garn

BALLERINA

- Tüll in Hellrosa, 90 cm x 20 cm/120 cm x 25 cm
- glitzernde Gummilitze in Rosa oder Weiß, 1 cm breit, 40 cm/50 cm lang
- farblich passendes Garn

ZUSCHNITT

- Tüll
  1x 6 cm x 90 cm/10 cm x 120 cm
  1x 8 cm x 90 cm/12 cm x 120 cm
- Litze
  Bauchumfang + 2 cm
- Jersey und Vlies (nur Elfe)
  9x/11x Blatt

NAHTZUGABEN

Die Zuschnittmaße und das Blatt enthalten bereits die Nahtzugaben.

SCHNITTMUSTERBOGEN 2A

Tütü für Elfe und Ballerina

1 Je eine Längskante der Tüllstreifen auf 32 cm/38 cm/46 cm Umfang kräuseln.

2 Für das Elfen-Tütü die Vlieszuschnitte auf die linken Blattseiten bügeln, gut auskühlen lassen. Die Blätter gemäß Markierung falten und die Falten mit ein paar Stichen innerhalb der Nahtzugaben fixieren (siehe „So wird's gemacht").

3 Sowohl für das Elfen- als auch das Ballerina-Tütü jeweils beide Tüllstreifen aufeinanderlegen, der schmalere Streifen liegt dabei oben. Am Elfen-Tütü zusätzlich die Blätter gleichmäßig verteilt links auf rechts auf den Tüll stecken, sodass die Blattoberkanten bündig an der Kräuselkante liegen.

4 Die Litze gleichmäßig gedehnt über den Kräuselkanten feststecken, dann mit sehr breiten Zickzackstichen mittig über die Litze nähen und sie so befestigen.

5 Zuletzt die Schmalseiten der Tüllstreifen und die Litzenenden rechts auf rechts aufeinanderlegen und mit 1 cm Nahtzugabe zusammennähen.

Zauberstab

1 Den Stab mit der weißen Farbe anmalen, gut trocknen lassen.

2 Mithilfe der Vorlage eine Schablone vom Stern anfertigen und den Stern auf ein Filzstück übertragen. Im Bereich der Öffnung, siehe Markierung im Schnitt, auf dem einzelnen Filzstück knappkantig innerhalb der Markierung eine Ziernaht steppen. Dann beide Filzteile aufeinanderstecken und den Stern knappkantig innerhalb der Markierung nachnähen, dabei nur ab bzw. bis zur Ziernaht an der Öffnung nähen. Danach erst den Stern ausschneiden.

3 Den Pompon auf die Mitte der Sternseite mit unterer Ziernaht nähen, dabei darauf achten, die Sterne nicht zusammenzunähen.

4 Den Stab und die Enden der Bänder durch die Öffnung schieben. Die Bänder mit Handstichen an der Öffnung fixieren. Den Stern im Bereich der Öffnung am Stab festkleben.

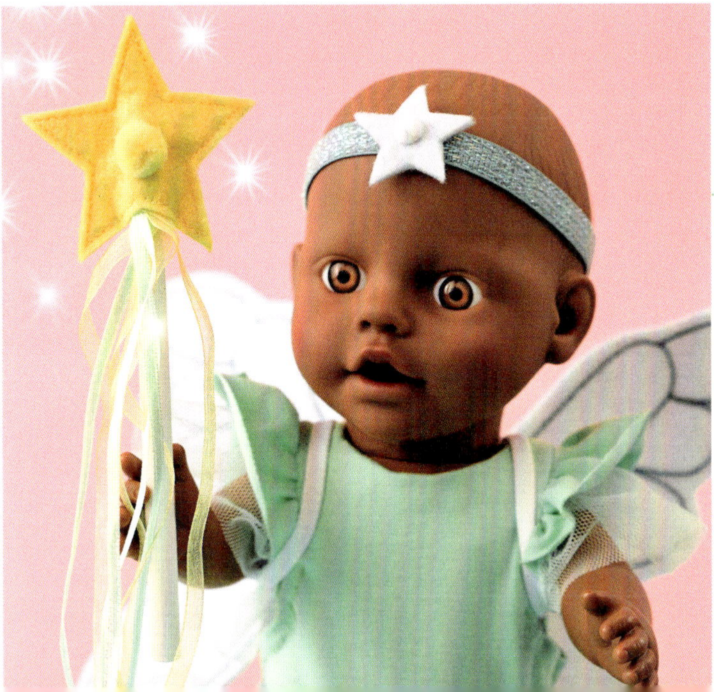

GRÖSSE
One Size

MATERIAL
- Filz in Gelb, 8 cm x 16 cm
- Pompon in Gelb, ø 1 cm
- Satin-Band in Hellgrün, 3 mm breit, 80 cm lang
- Organza-Band in Gelb, 5 mm breit, 80 cm lang
- Holzstab, ø 8 mm, 14 cm lang
- Bastelfarbe in Weiß
- Pinsel
- Bastelkleber für Filz und Holz
- festes Papier für die Stern-Schablone
- farblich passendes Garn

ZUSCHNITT
- Filz
  2x 8 cm x 8 cm
- Bänder
  je 4x 20 cm

NAHTZUGABEN
Die Zuschnittmaße enthalten bereits die Nahtzugaben.

SCHNITTMUSTERBOGEN 2A

MEIN TIPP FÜR SIE: Als Holzstab können Sie auch einen Buntstift oder Bleistift verwenden.

GRÖSSE

One Size

Für größere Puppen (Größe M und L) gilt bei der Litze jeweils das größere Maß nach dem Schrägstrich.

MATERIAL

- Filz in Weiß, 3 mm stark, 20 cm x 30 cm
- Gummilitze in Weiß, 5 mm/10 mm breit, 40 cm/50 cm lang
- glitzerndes Effektgarn in Petrol
- wasserlöslicher Trickmarker

ZUSCHNITT

- Filz
  1x Flügel im Stoffbruch
- Litze
  2x 20 cm/25 cm

SCHNITTMUSTER-BOGEN 2A

Flügel

1 Die Konturen des Flügelmusters mit Trickmarker auf den Filz übertragen.

2 Alle Konturen 1 bis 3-mal nachnähen, bis sie gut zu sehen sind.

3 Die Litzen zu Ringen legen, dabei die Enden jeweils 2 cm übereinanderlegen. Die Litzenringe mit den Überlappungen jeweils 1,5 cm rechts bzw. links neben der Flügelmitte feststecken und mit Nähmaschinen- oder Handstichen festnähen.

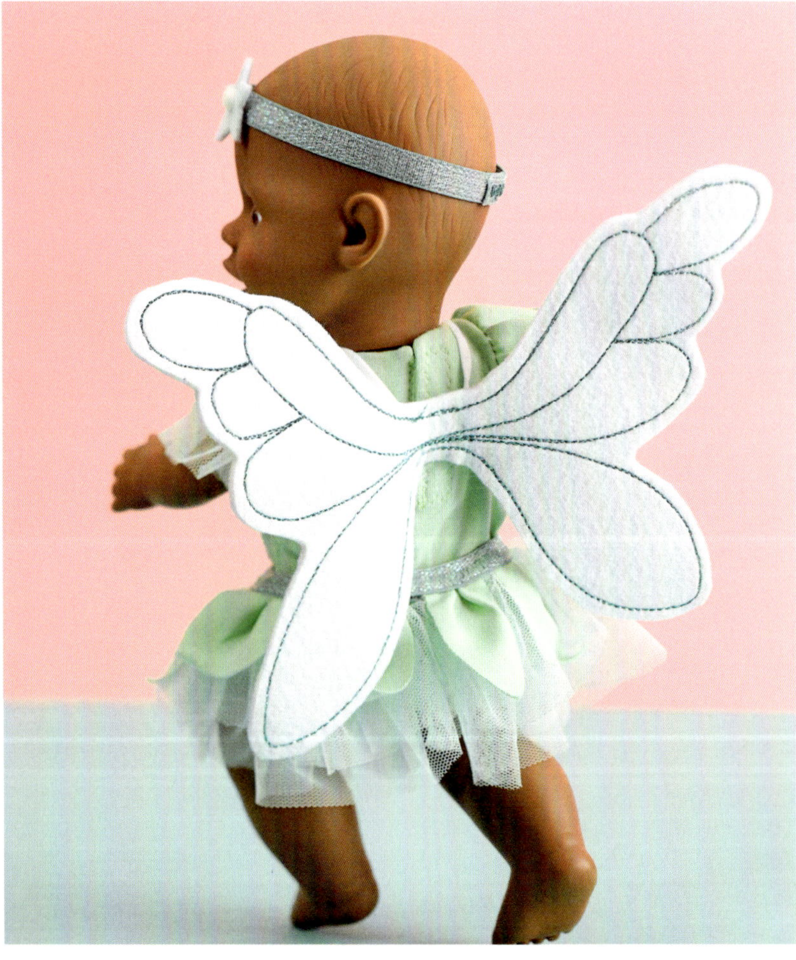

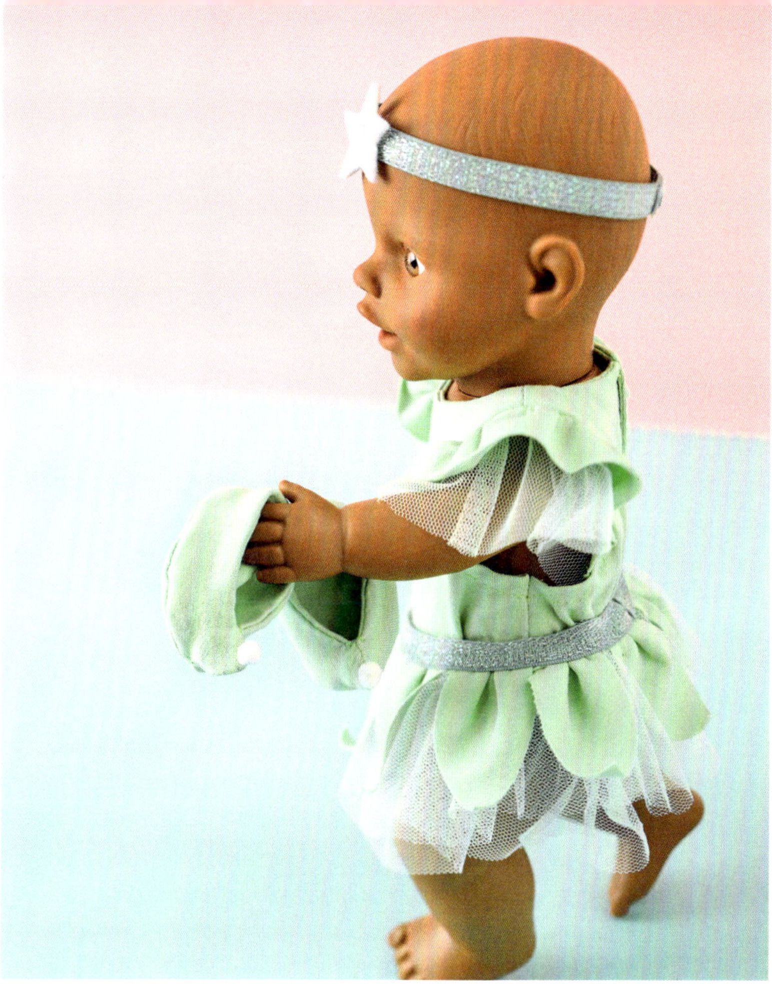

GRÖSSE

S/M+L

Die Angaben für Größe S stehen vor dem Schrägstrich, die Angaben nach dem Schrägstrich gelten sowohl für Größe M als auch für Größe L.

MATERIAL

- Jersey in Hellgrün, 50 cm x 10 cm/ 70 cm x 15 cm
- 2 Mini-Pompons in Weiß, ø 3 mm/5 mm
- farblich passendes Garn

ZUSCHNITT

- Jersey
  2x Sohle in doppelter Stofflage
  4x Oberteil im Stoffbruch

NAHTZUGABEN

Alle Teile mit 0,75 cm Nahtzugabe zuschneiden.

SCHNITTMUSTERBOGEN 2A

Schuhe

1 Die Oberteile jeweils rechts auf rechts zur Hälfte falten, sodass die Spitzen aufeinanderliegen und dann die Schuhspitzen bis zu den Markierungsstrichen zusammennähen. Die Nahtzugaben an der Spitze schräg abschneiden, an den Rundungen V-förmig einschneiden.

2 Die zusammengenähten Oberteile rechts auf rechts auf die vier Sohlenteile stecken, dabei darauf achten, dass die vorderen und rückwärtigen Mitten jeweils aufeinandertreffen. Die Schuhteile auf die Sohlen nähen, dabei genau am Nahtende der Schuhspitze in der vorderen Mitte beginnen und enden, die Nahtzugaben rundum V-förmig einschneiden.

3 Zwei Schuhe auf rechts wenden und links auf links in die anderen beiden Schuhe schieben. Die Nahtzugaben an den offenen Kanten links auf links nach innen falten und die Schuh-Ausschnitte mit lockeren Matratzenstichen aneinandernähen.

4 Auf jede Schuhspitze mit festen Handstichen einen Mini-Pompon nähen.

Meerjungfrauen-flosse

WIE IM MÄRCHEN

GRÖSSE

S/M+L

Die Angaben für Größe S stehen vor dem Schrägstrich, die Angaben nach dem Schrägstrich gelten sowohl für Größe M als auch für Größe L.

MATERIAL

- Jersey, 50 cm x 35 cm/70 cm x 40 cm/ 70 cm x 45 cm
- Bündchenware, 40 cm x 12 cm /50 cm x 15 cm/55 cm x 15 cm
- farblich passendes Nähgarn

ZUSCHNITT

- Jersey
  2x Flosse
- Bündchenware
  1x Bund (Bauchumfang der Puppe x 0,8 + 2 cm) x 12 cm/15 cm/15 cm

NAHTZUGABEN

Am Schnittteil rundum 1 cm Nahtzugaben zugeben.

Die Maße beinhalten 1 cm Nahtzugaben.

SCHNITTMUSTERBOGEN 2B

1 Die Flossen rechts auf rechts stecken und – bis auf die obere Kante – zusammennähen. Die Nahtzugaben an den Spitzen schmal abschneiden, an den Innenecken bis kurz vor die Naht einknipsen. Entlang der Rundungen ebenfalls die Nahtzugaben mehrmals einschneiden. Die Flosse wenden und die Spitzen schön ausformen.

2 Das Bauchbündchen an den kurzen Kanten rechts auf rechts falten und zum Ring schließen.

3 Den Bündchenring dann links auf links falten, sodass die langen Kanten aufeinanderliegen. Anschließend rechts auf rechts an die obere Kante der Flosse stecken und gleichmäßig gedehnt annähen. Das Bündchen nach oben schlagen, die Nahtzugaben zusammengefasst versäubern und in die Flosse bügeln.

MEIN TIPP FÜR SIE: Die Bündchenweite lässt sich gut verteilen, indem die Strecke mit Stecknadeln als Markierung in Viertel unterteilt wird. Die obere Kante der Flosse ebenso unterteilen, dann den Bündchenring feststecken, die Markierungsnadeln treffen jeweils aufeinander.

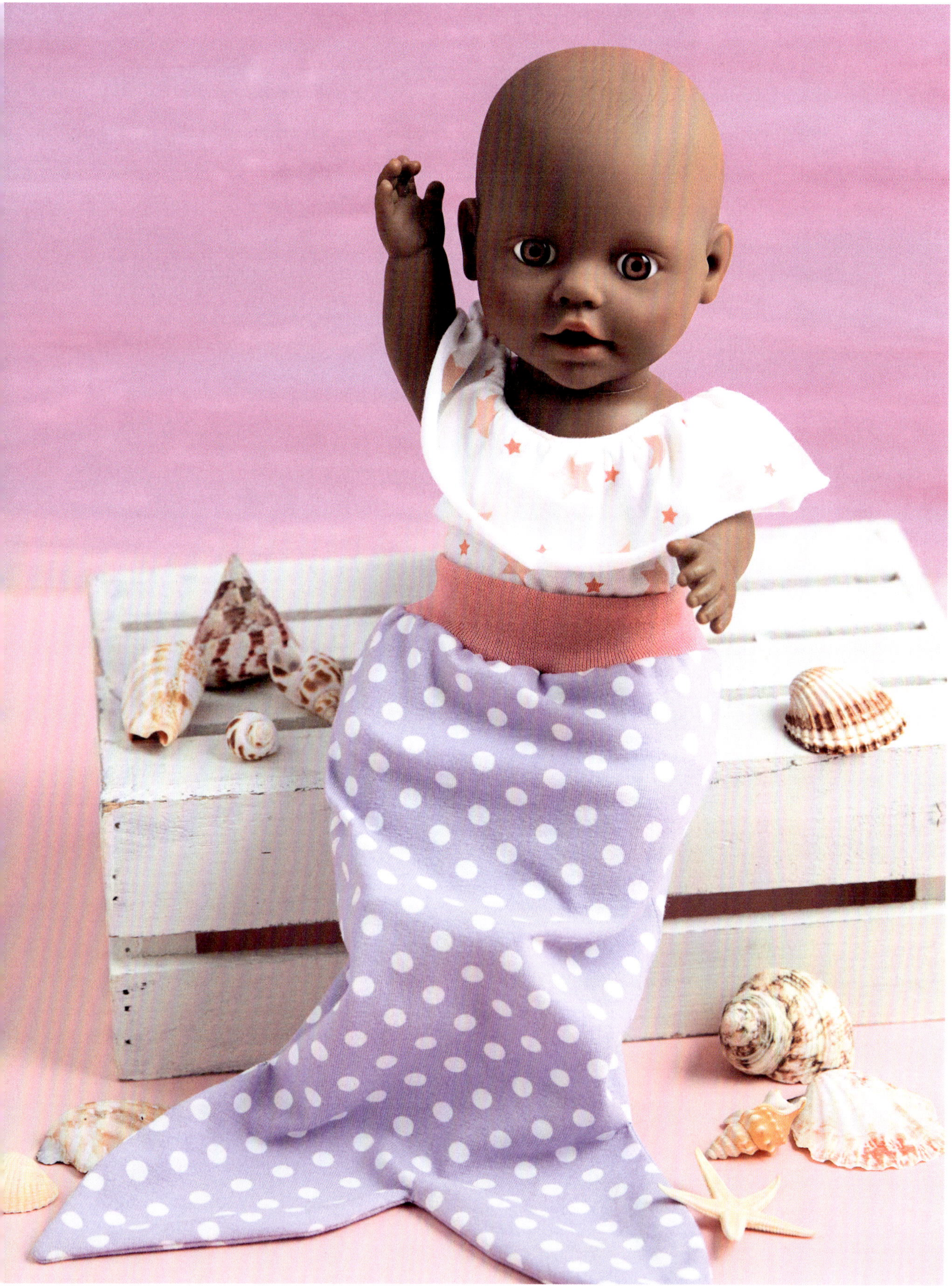

So wird's gemacht

Schnittmuster/Maße

Die Schnittmuster im Buch passen für Puppen der Größe von ca. 30-32 cm und ca. 40-44 cm. Einige Modelle, wie das Tragebett, haben eine One Size und sind für alle Puppengrößen geeignet. Kleidung jedoch ist auf die verschiedenen Größen angepasst. Hier steht die Größe „XS/S" für die kleineren Puppen und „M" und „L" für die größeren Puppen, je nach Bauchumfang (M: 28-32cm/L: 33-36 cm). Einige Schnittmuster sind mit „M+L" gekennzeichnet, diese gelten dann für die größeren Puppen, unabhängig vom Bauchumfang.

Größe finden

Um die richtige Puppengröße zu ermitteln, zuerst die Größe der Puppe bei aufrechter Haltung messen. Anschließend den Bauchumfang in der Mitte des Rumpfes an der stärksten Stelle messen.

Stoffe

Für Kinderspielzeug ist eine gute Stoffqualität sehr wichtig. Der Global Organic Textile Standard (GOTS) ist der international anerkannte Standard für die Verarbeitung und Herstellung von Textilien aus biologisch erzeugten natürlichen Fasern. Auf hohem Niveau definiert er umwelttechnische Anforderungen entlang der gesamten textilen Produktionskette und fordert zugleich die Einhaltung von Sozialkriterien. Stoff mit diesem Siegel können Sie ruhigen Gewissens verarbeiten. Zusätzlich können Sie Ausschau nach speichelfesten Stoffen halten. Alle Stoffe vor der Verarbeitung waschen, da sie noch etwas eingehen können. Auch überschüssige Farbe oder Appretur werden so entfernt.
Für die Modelle im Buch eignen sich sowohl Webware als auch dehnbare Stoffe. Baumwollstoffe gibt es in allen erdenklichen Farben und Qualitäten, Cord z. B., eignet sich besonders für Modelle, die etwas Stand bekommen sollen. Dehnbare Stoffe, wie Jersey, Sweatshirt-Stoff, Fleece und Bündchenware, eignen sich gut für Bekleidung oder eine kuschelige Decke.

Nähmaschinen-Nadel

Für die Webware Nähmaschinennadeln mit Spitze je nach Festigkeit des Stoffes auswählen – Stärke 80-100. Für dehnbare Stoffe spezielle Jersey-Nadeln mit abgerundeter Spitze verwenden. Diese gleiten zwischen die Maschen der Wirkwaren, ohne sie zu beschädigen.

Stiche

Der einfache Geradstich und der Zickzackstich eignen sich zum Verarbeiten der Webware. Für dehnbare Stoffe am besten auch dehnbare Stiche einsetzen. Jersey mit einem leichten Zickzackstich oder dem Dreifach-Geradstich verarbeiten. Manche Nähmaschinen haben spezielle dehnbare Nutzstiche, mit denen z. B. ein Hosensaum genäht werden kann.

Zuschnitt

Die meisten Schnittmuster sind ohne Nahtzugabe auf den Schnittmusterbogenbgebildet. Wenn nichts anderes angegeben ist, rundherum 0,5-1 cm Nahtzugabe dazugeben. An den Saumkanten 1-2 cm zugeben. Zuerst den Stoff bügeln, das erleichtert das Zuschneiden. Das Schnittmuster so auf die linke Stoffseite auflegen und feststecken, dass Schnittmuster plus Nahtzugaben Platz haben. Dabei auf den Fadenlauf achten, er verläuft parallel zur Webkante des Stoffs. Den Schnitt übertragen, auch alle Markierungen auf den Stoff übertragen. Dafür eignen sich z. B. eine Kreidemaus oder ein weicher Bleistift. Das Schnittmuster wieder abnehmen und das Teil mit den zugehörigen Nahtzugaben ausschneiden. Wer möchte, kann sich auch die Nahtzugaben vorher einzeichnen.

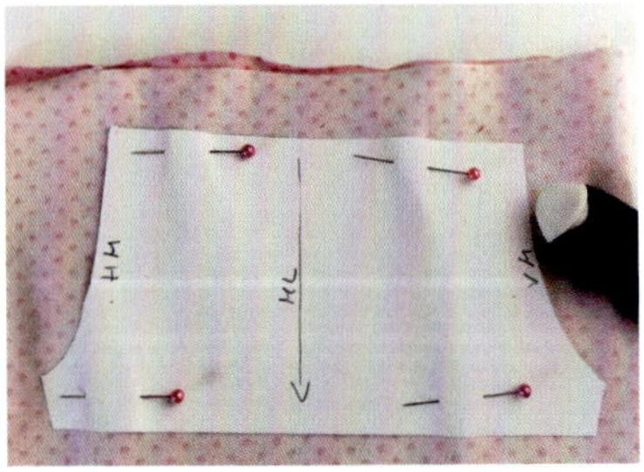

Zuschnitt in doppelter Stofflage

Den Stoff so Richtung Stoffmitte falten, dass das Schnittmuster plus Nahtzugabe Platz hat. Anschließend wie oben beschrieben arbeiten. Man erhält gespiegelte Schnittteile, also z. B. rechtes und linkes Vorderteil.

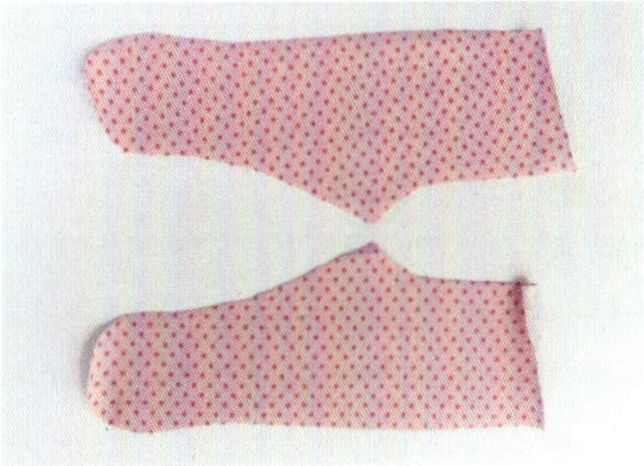

Zuschnitt im Stoffbruch

Die Markierung „Stoffbruch" im Schnittmuster bedeutet, dass hier die Mitte des Schnitts ist. Das Teil wird doppelt so groß zugeschnitten. Dafür den Stoff so Richtung Stoffmitte falten, dass das Schnittmuster plus Nahtzugabe Platz hat. Das Schnittmuster mit der gekennzeichneten Bruchkante an den Stoffbruch legen und feststecken. Anschließend wie oben beschrieben arbeiten.

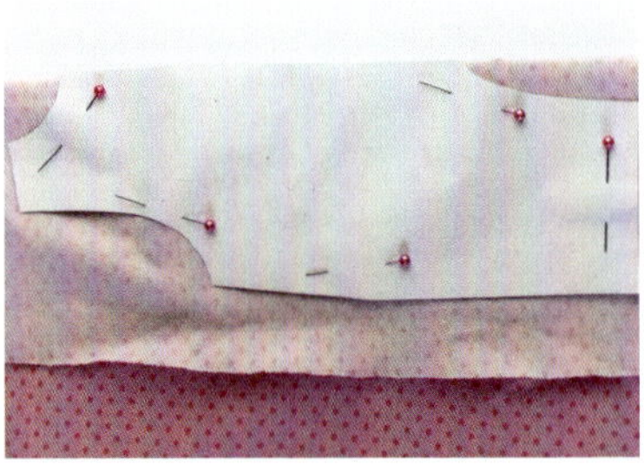

Mit Schrägband einfassen

Das Schrägband auffalten und mit einer Kante rechts auf rechts an die Stoffkante legen. Das Band festnähen, dabei ¼ der Schrägbandbreite als Nahtzugabe nehmen (1 cm bei 4 cm Bandbreite). Das Schrägband zur linken Stoffseite falten, einschlagen und feststecken oder mit einem Heftfaden vorheften. Das Schrägband von der rechten Stoffseite aus knappkantig festnähen.

Säumen

Die Saumzugabe von 1-2 cm nach innen schlagen und bügeln. Anschließend mit einem elastischen Stich feststeppen, z. B. dem Zickzackstich. Schöne Abschlüsse erzielt man auch mit einer Zwillingsnadel.

Wendeöffnungen schließen

Die Nahtzugaben an der Wendeöffnung nach links falten. Um den Knoten zu verstecken, die Handnähnadel mit Faden an einem Ende der Öffnung von der Stoffinnenseite nach außen führen. Abwechselnd auf beiden Seiten der Öffnung an der Bruchkante ein- und wieder ausstechen, dabei bei dem Seitenwechsel immer genau auf der gleichen Höhe wieder einstechen und dann die Nadel im Innern des Stoffes einige Millimeter zur nächsten Ausstichstelle führen. Am Ende der Öffnung den Faden vernähen.

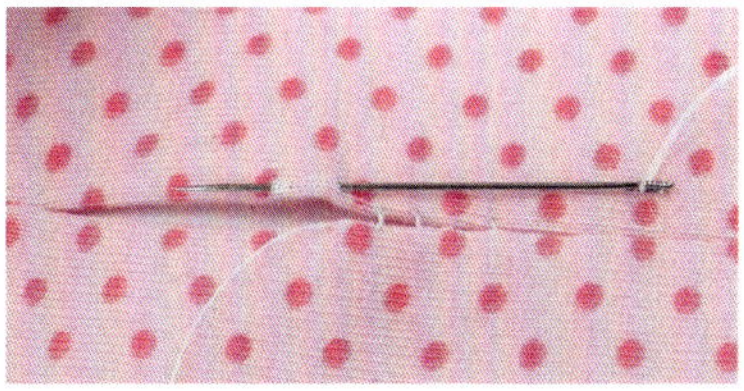

Ecken und Rundungen

Das Einschneiden der Nahtzugaben verhindert, dass der Stoff an dieser Strecke Falten wirft bzw. sich die Kante später spannt. Bei Innenrundungen die Nahtzugaben mit geraden Schnitten mehrmals bis kurz vor die Naht einschneiden. Bei Außenrundungen die Nahtzugaben V-förmig einschneiden.
Da sich Jersey dehnt, müssen die Nahtzugaben hier nicht zwingend eingeschnitten werden. Bei stärkeren Rundungen ist es jedoch für einen guten Sitz der Modelle unerlässlich. Bei genähten Ecken werden die Nahtzugaben zurückgeschnitten. Beides steht jeweils in der Anleitung.

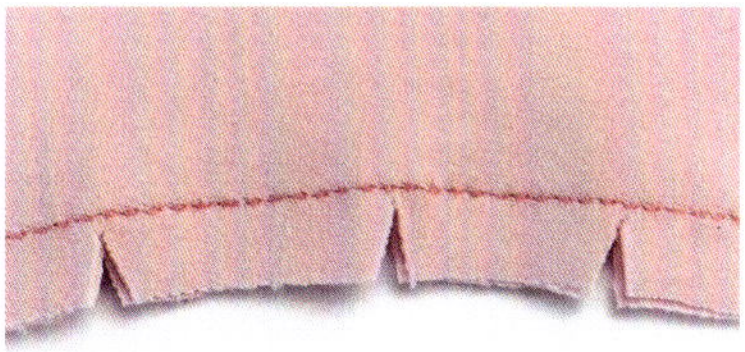

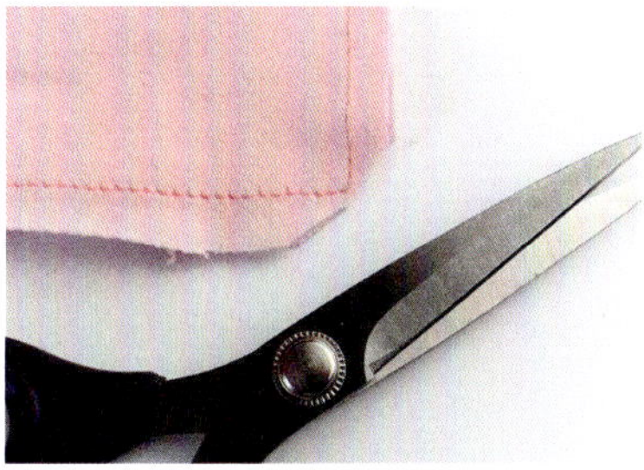

Kantenabschluss mit gefaltetem Bündchenstreifen

Den Streifen längs links auf links falten. Anschließend den doppelten Streifen rechts auf rechts mit der offenen Kante bündig an die Schnittkante des Modells legen. Den Streifen entsprechend der Rundungen gedehnt feststecken und annähen. Die Nahtzugaben in das Kleidungsstück legen und die Naht bügeln. Je nach Belieben von rechts absteppen (Geradstich, Zickzackstich, Zierstich).

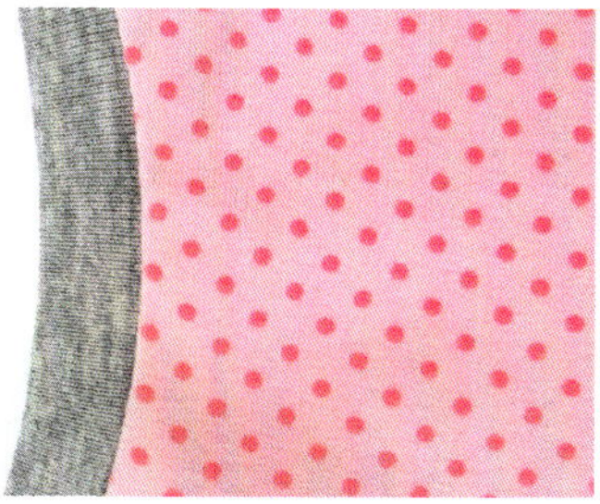

Falten legen

Falten entsprechend der Markierung im Schnittmuster in den Stoff legen. Ein längerer Strich zeigt die Faltlinie an, ein Pfeil zeigt die Richtung, in die die Falte gelegt wird und der zweite längere Strich ist die Anstoßlinie der Falte.

Klett annähen

Klettband rundherum knappkantig mit Zickzackstich festnähen.

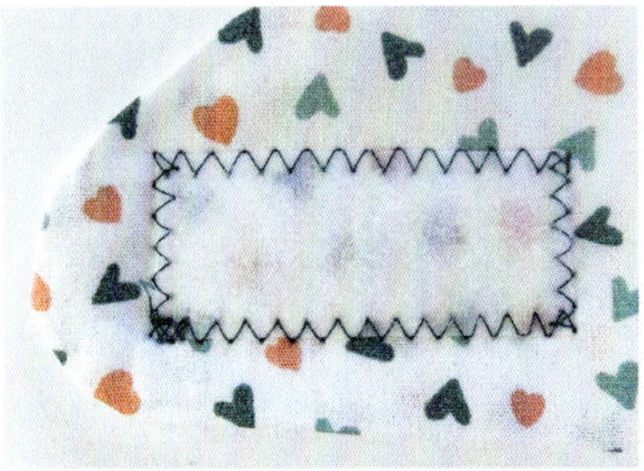

Druckknopf einstanzen

Im Bereich des Druckers Vlieseinlage zur Verstärkung aufbügeln. Anschließend den Drucker mit entsprechendem Werkzeug nach Herstelleranleitung befestigen. Dabei darauf achten, dass die beiden unterschiedlichen Seiten des Druckknopfes nach dem Anbringen am Modell ineinandergreifen können.

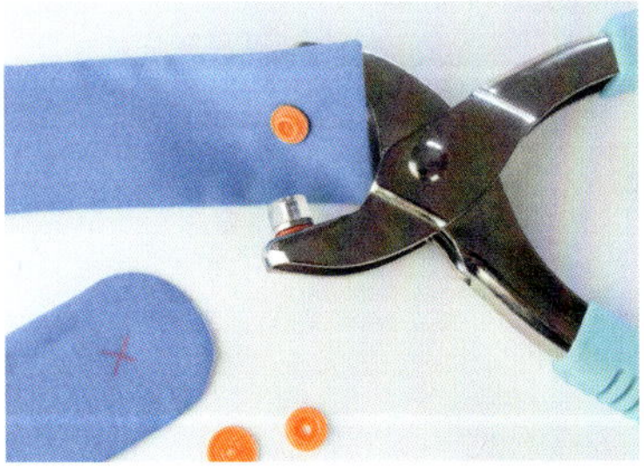

Applikationen

Außer einem Stoff-Rest für die Applikation wird Vliesofix (doppelseitig klebendes Bügelvlies) benötigt. Das Motiv auf das Trägerpapier des Bügelvlieses übertragen. Danach das Vlies auf die linke Stoffseite des Stoffs bügeln. Das Motiv mit dem aufgebügelten Vlies ausschneiden, dann das Trägerpapier abziehen. Danach das Motiv mit der Klebeschicht auf die rechte Seite des Modellteils stecken und festbügeln. Anschließend mit dem Geradstich oder einem Zickzackstich festnähen.

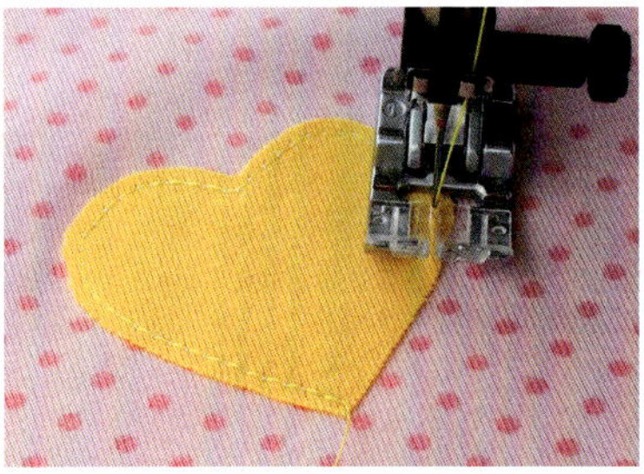

Kräuseln mit Nähfaden

Um eine Stoffkante zu kräuseln, zwei Nähte knapp über und unter der geplanten Nahtlinie mit großen geraden Stichen nähen. Dabei etwa 5 mm Abstand zur offenen Kante und 5 mm Abstand zwischen den Nähten einhalten. Die Nahtenden nicht sichern und an beiden Enden ausreichend Faden stehen lassen. Den Stoff entlang der Unterfäden zusammenschieben, bis die Länge entsprechend der Kante des Teils, an das die gekräuselte Kante angenäht werden soll, erreicht ist. Dann die Fadenenden miteinander verknoten.

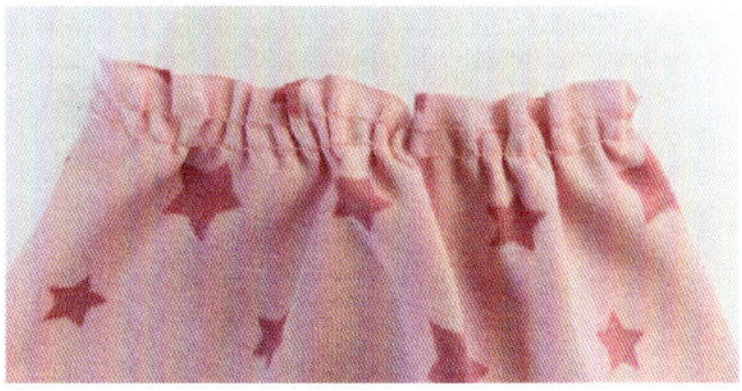

Bänder/Kordeln/Litzen in Stofftunnel einziehen

Um Bänder, Kordeln oder Gummilitzen durch genähte Stofftunnel zu ziehen, an einem Ende eine Sicherheitsnadel befestigen. Diese durch den Stofftunnel schieben, dabei wird das Band mitgezogen. Bei Kordeln das Ende der Kordel mit etwas Klebeband vor dem Ausfransen schützen, bevor die Sicherheitsnadel befestigt wird.

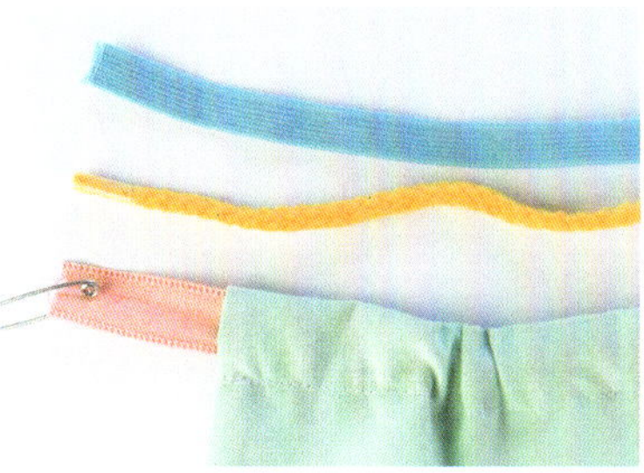

Matratzenstich

Die Nahtzugaben der Wendeöffnung nach links falten. Um den Knoten zu verstecken, die Handnadel mit Faden an einem Ende der Öffnung von der Stoffinnenseite nach außen führen. Abwechselnd auf beiden Seiten der Nahtzugaben einstechen, dabei bei dem Seitenwechsel immer genau auf der gleichen Höhe wieder einstechen. Am Ende der Öffnung den Faden vernähen.

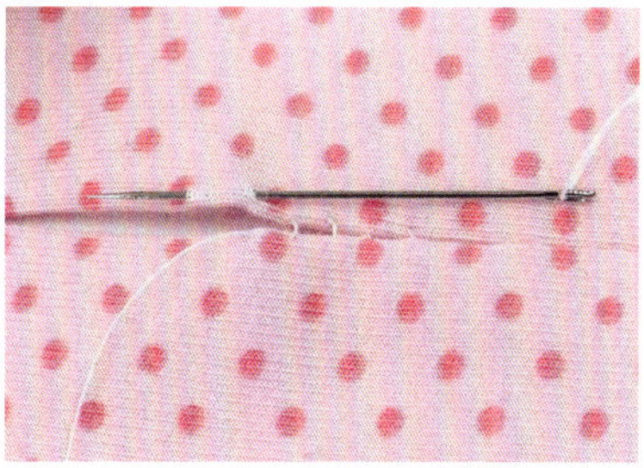

Leiterschnalle anbringen

Mit einer Leiterschnalle lassen sich Träger ganz leicht auf verschiedene Längen einstellen. Dazu das Ende eines Trägerteils von unten um den Mittelsteg führen, einschlagen und festnähen.

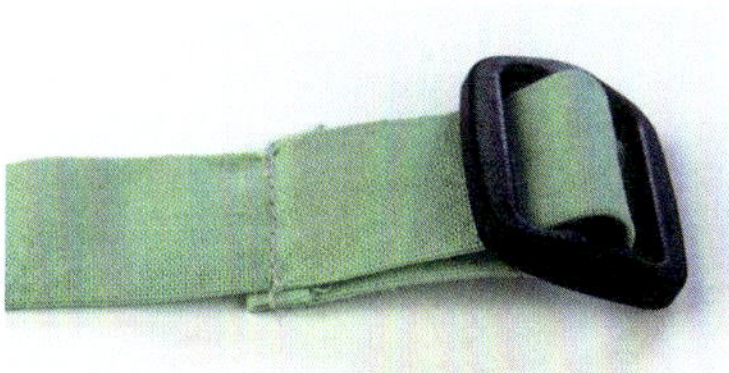

Das Ende des zweiten Trägerteils von unten durch die erste Öffnung der Leiterschnalle schieben und durch die zweite führen. Hier bleibt das Trägerende lose. Zieht man daran, verstellt sich die Länge.

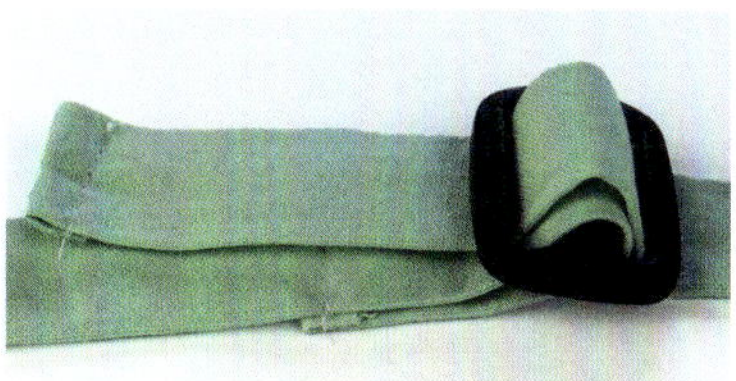

Buchempfehlungen für Sie

Noch mehr kreative Bücher zum gleichen Thema gesucht?

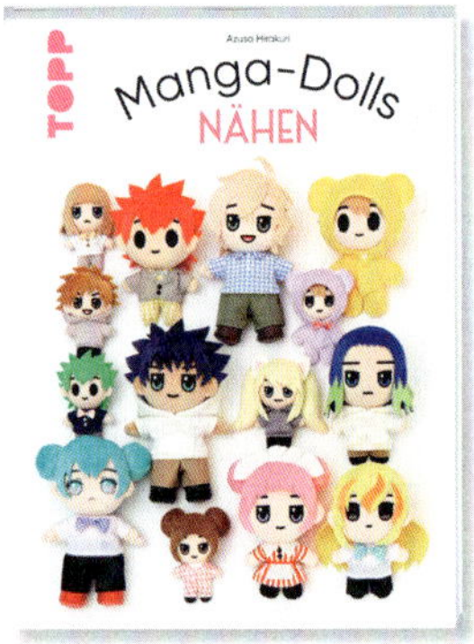

ISBN 978-3-7358-7078-0

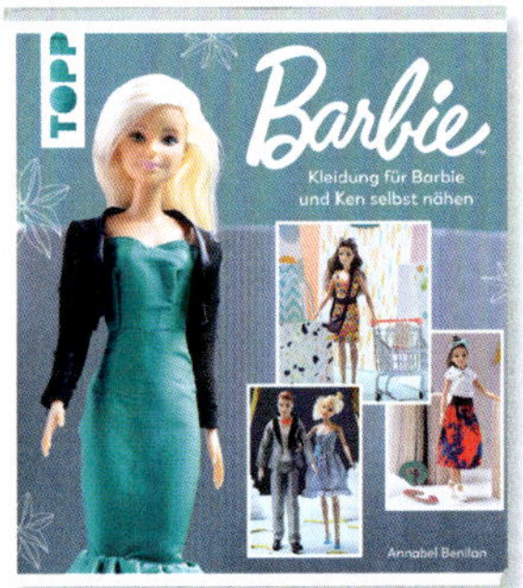

ISBN 978-3-7358-7073-5

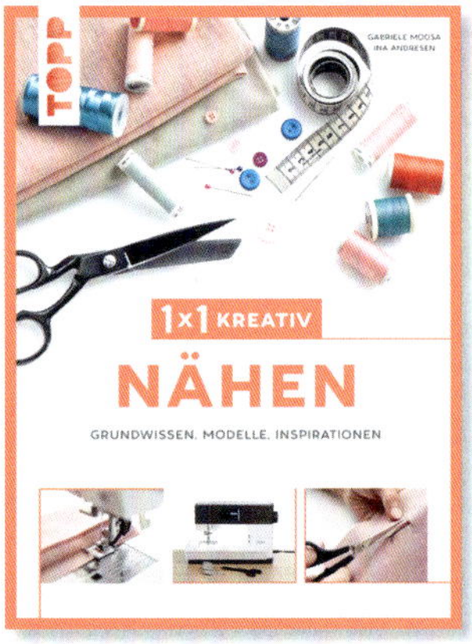

ISBN 978-3-7358-7022-3

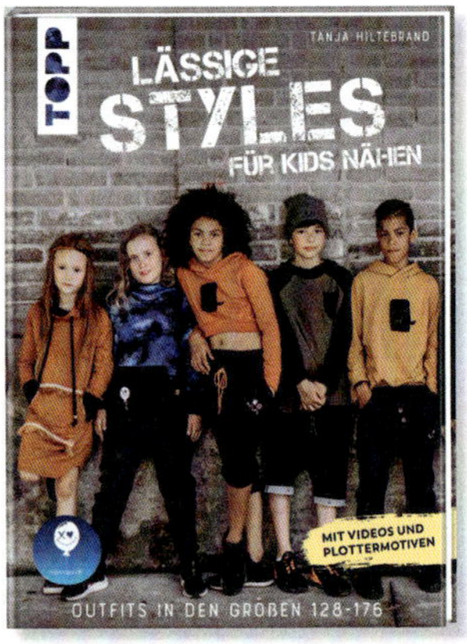

ISBN 978-3-7724-6881-0

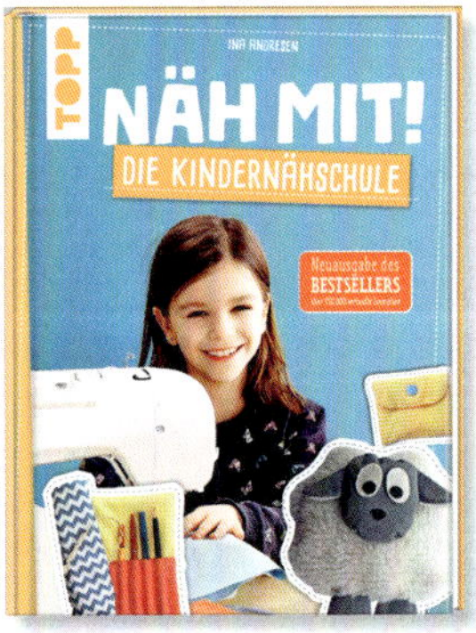

ISBN 978-3-7358-9030-6

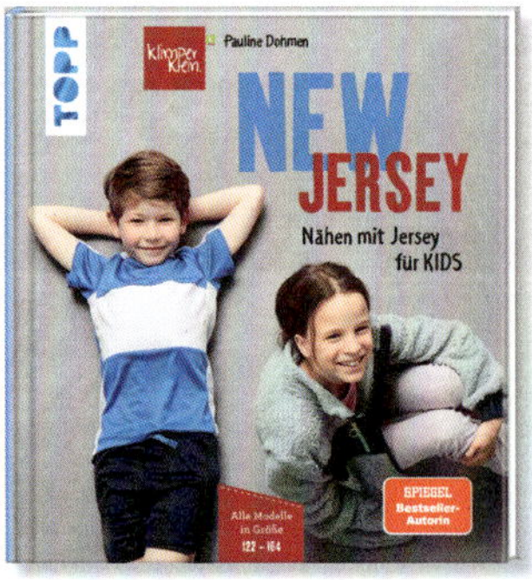

ISBN 978-3-7358-7007-0

Noch mehr Kreativ-Bücher findest du auf www.TOPP-kreativ.de

#TOPPPROJEKT

Die eigene Kreativität zeigen: TOPPprojekt mit anderen Kreativen teilen und Teil der Gemeinschaft werden.

DIY-begeistert und auf Instagram? Dann unbedingt mitmachen! Hier gibt's Tipps und Feedback zu den eigenen Projekten. Außerdem verlosen wir jeden Monat ein Überraschungspaket. Um am Gewinnspiel teilzunehmen, einfach ein Bild vom Kreativ-Projekt aus unseren Büchern mit #TOPPprojekt posten und unserem Account @frechverlag folgen. Mehr Infos auf TOPP-kreativ.de/TOPPprojekt

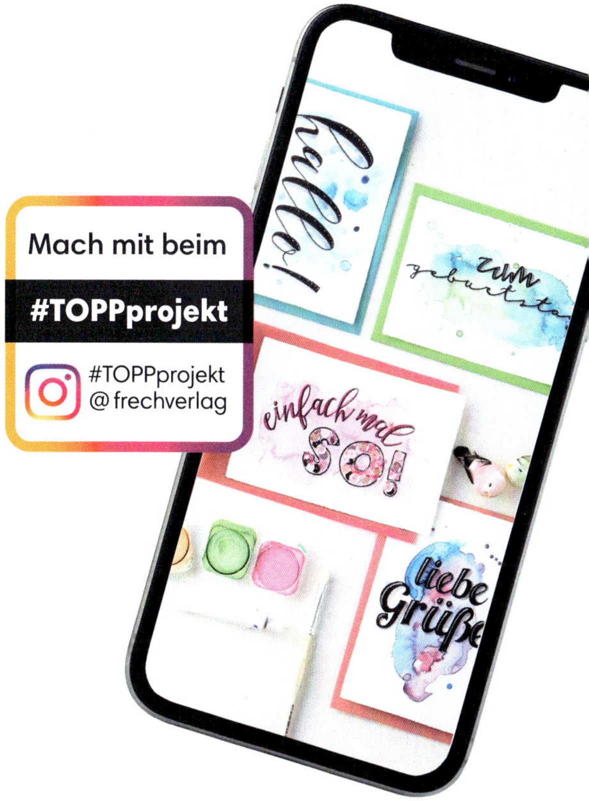

Webseite

Auf TOPP-kreativ.de gibt es ein riesiges Angebot von über 1.000 Kreativbüchern, Sets und mehr zu entdecken.

Newsletter

Immer als Erstes von unseren Neuheiten und Sonderaktionen erfahren: TOPP-kreativ.de/newsletter

Instagram

@frechverlag

Pinterest

pinterest.com/frechverlag

Facebook

facebook.com/frechverlag

DigiBib

Hier gibt es zusätzlich zu einigen unserer Bücher digitale Extras, wie Video-Tutorials, Plotter-Dateien, Vorlagen, Übungsblätter und vieles mehr. Einfach im Impressum eines TOPP-Buchs nachschauen, ob dort ein Code vorhanden ist, und exklusive Inhalte freischalten. TOPP-kreativ.de/digibib

Youtube

youtube.com/frechverlag

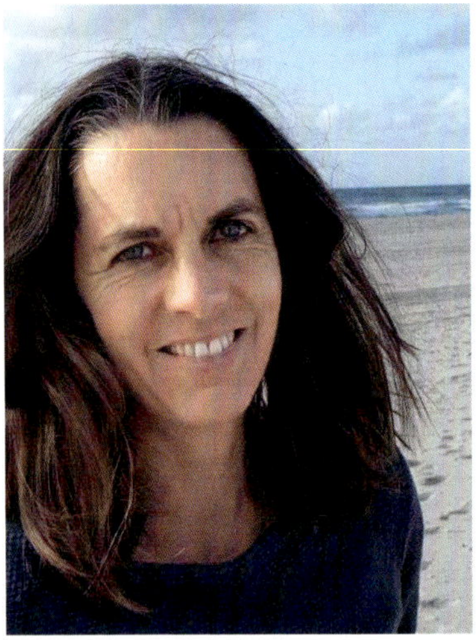

Über die Autorin

Ina Andresen ist in Hamburg geboren und hat bereits im Alter von fünf Jahren ihre erste Nähmaschine erhalten. Dieses Modell, das noch per Handrad angetrieben wurde, hatte ihr der Vater aus England mitgebracht. So nähte sie bereits in ganz jungen Jahren Kleider für ihre Puppen und Kuscheltiere. Nach dem Abitur hat sie schließlich Mode-Design studiert und außerdem das professionelle Nähen bei der Couture-Schneiderin Eva-Maria Zorn in Hamburg gelernt. Zu dieser Zeit hat sie die alte gusseiserne Nähmaschine der Großmutter bekommen, auf der sie heute noch näht und die ein wunderbares Stichbild hat.

Die DigiBib – Alle Updates für Sie
Hier finden Sie alle aktuellen Infos zu deinem Produkt, außerdem Extras, Videos, Vorlagen und mehr!
www.topp-kreativ.de/digibib
Freischaltcode: 55524

Kreativ-Service

Haben Sie Fragen oder gibt es ein Problem? Wir helfen Ihnen gern. Rufen Sie uns an oder schreiben Sie eine E-Mail:

Telefon: 0711 / 12 37 57 20*

*normale Telefongebühren

E-Mail: hilfe@frechverlag.de

Weitere Informationen zum Verlag und zu unserem gesamten Programm finden Sie unter: www.topp-kreativ.de

MIX Papier | Fördert gute Waldnutzung
FSC® C020353

Penguin Random House Verlagsgruppe
FSC® N001967

Impressum

FOTOS: frechverlag GmbH, 70839 Gerlingen; lichtpunkt, Michael Ruder, Stuttgart

PRODUKTMANAGEMENT UND LEKTORAT: Jessica Cremer

COVER: Eva Hook

GESTALTUNG: Petra Theilfarth

DRUCK: Neografia, Slowakei

1. Auflage 2024

ISBN 978-3-7358-7145-9 • Best.-Nr. 27145